KB235218

사띠 진명스님의 알아차림

사띠 진명스님의 알아차림

1판 1쇄 펴낸날 2012년 6월 22일

지은이 진명
펴낸이 이규만

펴낸곳 참글세상
출판등록 2009년 3월 11일(제 300-2009-24호)
주소 서울시 종로구 삼일대로 30길 21, 1020호
전화 (02) 730-2500
팩스 (02) 723-5961

ⓒ 진명, 2012

ISBN 978-89-94781-08-2 03220

값 13,500원

사띠 진명스님의
알아차림

소통과
나눔으로 가는
행복한
명상

진명 지음

참글세상

1% 나눔의 기쁨

• • •

namo tassa bhagavato arahato sammaa sambuddhassa

나모 땃싸 바가와또 아라하또 쌈마 쌈붇닷싸

• • •

그분 세존, 공양 받아 마땅한 분, 정등각자께 귀의합니다.

사회운동가로 살아가신 부처님의 삶을 먼저 이해하는 것이 필요합니다.

붓다의 45년 전법의 여정은 이 사회의 암담함을 빛으로 밝게 비추어 인간들의 사회의식을 고양하는데 모든 것을 바친 역사입니다.

붓다는 권력자나 비천한 사람들을 차별하지 않고 모두를 자비의 마음으로 깨우쳐 주셨습니다.

빔비사라대왕과 빠세다니왕과 교류하고 아나타삔타까와 같은 부유한 자본가와도 동행하고 앙굴리 말라와 같은 강도, 수니따와 같은 청소부, 압바빨리, 바따짜라, 순다리와 같은 창녀들과도 상담을 통해 절제와 건전한 삶을 살아갈 것을 당부하셨습니다.

또한 붓다는 병자들을 보살피고, 가난한 사람들과 버림받은 사람

들을 구제하며, 노약자들을 우대히고, 고통 속에 헤매는 불행한 모든 사람들을 행복의 길로 이끄는 안내자였습니다.

붓다의 삶은 이 사회에서 회피와 은둔자적인 삶을 살아간 것이 아니라 이 사회 사람들과 함께 고통을 어루만지고 땀 냄새나며 건전한 삶을 직접 보여주셨습니다. 그리고 건전한 사회를 만들기 위해 불철주야 마지막까지 팔정도의 실천법을 우리에게 가르쳐주고 가셨습니다.

붓다는 가장 현실적이며 세속적인 이익과 행복에 관한 가르침을 전파하셨습니다. 지금 이 험난한 고통의 세상 속에서 고통의 소멸 방법을 일러주시고, 또한 사회적인 고통의 환경 속에서 낭떠러지로 내몰리고 있는 사람들을 위해 실질적인 벗어나는 방법을 일러주시는 것은 가장 위대한 복음인 것입니다.

붓다께서 추구하셨던 세계는 지금도 현재 진행형으로 우리가 이

사회를 건전한 사회로 만드는 전도의 운동이 필요한 시대입니다.

지금 불교의 상황은 신비주의와 비실제적 관념주의, 그리고 출가주의와 선정우월주의에 빠져 자신들의 입신양명에만 몰두하여 중생의 고통은 헤아리지 못하고 있습니다.

붓다께서 전법선언을 하시고 45년 동안 맨발로 걸식하시며 인도의 전역을 돌아 모든 중생들의 고통을 멸하고 행복한 세상, 다시 말하면 가장 이상적인 복지 사회를 구현하고자 한 역사입니다.

지금 우리는 자신의 가족만 잘 먹고 잘 살면 된다는 팽배한 물질주의와 이기주의로 인하여 이 세상을 황폐화시켜가고 있습니다.

붓다께서 전법선언문에서 '중생의 이익과 행복을 위하여 길을 떠나라'고 하시었습니다.

이 사회를 위해 자비심으로 중생을 위해 헌신하는 마음이 없다면

그것을 어찌 불교 정신이라고 할 수 있겠습니까?

소통과 나눔을 통해 사회적인 헌신을 실천하는 것이 가장 중요한 수행실천일 것입니다.

개념적 논리나 참선·위빠사나 수행주의에 함몰되어 은둔자적 삶을 살 것이 아니라 중생들을 위해 탁발과 유행 그리고 전법을 위해 사회 속으로 들어가 나눔과 섬김을 통해 소통하고 고통을 함께 치유해야 합니다.

이제는 불교가 모든 사람들의 일상생활 속에서 벌어지는 모든 일들을 대상으로 마음집중과 알아차림으로 절제와 건전한 삶을 살아가야 하는 것입니다. 일상생활, 즉 행주좌와 어묵동정에서 항상 사띠를 놓치지 않고 살아 갈 때 그것이 바로 이 사회와 함께 행복한 세상을 만들어가는 수행법입니다.

　이제 우리는 지금 이순간 자신이 무엇을 하고 있는지 분명히 기억하는 알아차림으로 이 사회를 위해, 즉 가난하고 병든 많은 사람들이 자식들을 품에 안고 기뻐서 춤추는 그런 세상을 만들어가기 위해 정진하는 것이 바로 불교의 가장 이상적인 모습입니다.

　이 책은 바로 사띠 수행, 즉 알아차림에 대한 수행을 전하고자 하는 것이며, 모든 사람들이 알아차림으로 행복한 삶을 살아가길 서원합니다.

　4년 동안 인터넷과 아침 문자법문을 했던 내용들을 카페 회원님들과 문자법문을 받아보던 불자님들이 이처럼 좋은 내용을 많은 사람들이 공유할 수 있도록 책으로 만들어 보자고 해서 책 불사를 하게 되었습니다.

　이 책을 내기까지 도와주신 많은 분들께 감사의 마음과 두 손을 모

아 봅니다. 이 책이 종교를 떠나서 모든 사람들에게 행복한 문으로 들어가는 안내의 길이 되기길 서원합니다.

Sabbe satta bhavantu sukhitatta

삽바 삿따 바완뚜 수키땃따

모든 생명들이 부디 행복하소서.

2012년 5월 조계산 선암사 응향각에서

사띠 진명 손모음

머리말 · 5

1 고요 속의 움직임

2 행동으로 느낌

3 들으며 배우기

4 경전에서 배우기

5 회향하기

6 템플스테이 후기

1
고요 속의 움직임

수련(睡蓮) 이야기

부산에 있을 때 내 토굴에서 관찰했던 수련에 대한 이야기를 적어 보려고 한다.

자연의 이치가 곧 법문이었다.

1) 첫 번째

입이 아주 큰 옹기에다 수련과 부레옥잠을 키웠다. 이들이 꽃을 피고 지는 모습을 바라보면서 많은 것을 배울 수 있었다. 수련은 저녁에는 꽃잎을 오므리고 있다가 해가 뜨면 서서히 꽃잎을 펼쳐서 한 낮이 되면 활짝 만개하여 꽃향기를 은은하게 온 사방으로 퍼트린다.

수련은 진흙 속에 뿌리를 내려 물위에 잎을 띄우고 꽃대는 우뚝 솟아올라 덩실꽃을 피워낸다. 연잎은 잎에 더러운 물이 쏟아져도 자연스럽게 흘려보내며 더러운 것에 물들지 않는 마음 챙김이 잘 되어 있는 수행자와 같다. 다시 말하면 수련은 모든 것을 받아들여 수용하면서도 물들지 않고 자연스럽게 스스로 정화하여 진흙 속에 뿌리를 내린다.

사바세계가 진흙탕 속이라 가정한다면 중생들도 수련처럼 살 수 없을까를 생각해 보았다. 그 진흙탕 속에서 수련(修行者)은 영양분(戒·定·慧)을 섭취하고 살면서 컴컴한 밤엔 몸을 오므리고, 해가 뜨는 낮엔 꽃을 활짝 피워낸다. 활짝 핀(八正道 修行) 수련은 향기(解脫香·解脫知見香)를 온 누리에 은은하게 전한다(自利利他行).' 그리하여 수련 꽃은 무상과 무아이기 때문에 이제 본래의 자리로 돌아간다.' 그리고 물속으로(근본의 자리) 돌아가 시들어 죽음을 맞이한다(入寂).

또한 부레옥잠 꽃도 마음껏 피었다가 꽃이 질 때는 스스로 과감하게 줄기를 꺾으며 물속으로 서서히 잠겨 사그라진다. 자신의 결정체를 화사하게 한껏 전하다가 시기와 때가 되면 무상과 무아임을 알아차림하고 겸허하게 근본의 자리로 돌아가 회향에 이른다.

수행자들도 자연의 이치처럼 부처님의 법문을 보고 듣고 깨달아 원래의 자리로 돌아가야 하지 않을까?

옛사람들이 부처님 공부는 수행자가 알아차림으로 언제 어디서나 부처님을 만날 수 있다고 했다. 자! 우리 수행사 여러분도 부디 매 순간마다 불방일하고 알아차림으로 수련처럼 은은한 선업의 향기를 뿜어내시길 바랍니다.

2) 두 번째

수련은 잎이나 꽃이 공중에 떠 있지 않고(중생과 출세간의 차별이 없이) 물 표면에(중생과 함께 함) 떠 있다. 낮에는 피었다가 밤이 되면 꽃잎이 오므라들어 마치 수면을 취하는 것 같아 수련(睡蓮)이라고 한다(음기, 즉 불선업을 받아들이지 않기 위해 모든 번뇌 망상을 쉬고 선정에 들어감).

특별히 오시(11-13시)에 피면 자오련,(양기, 즉 선업의 광명의 기운을 받아들여 증장시키는 수행을 한다) 미시(13-15시)에 피면 미초라는 이름을 가지고 있다.

수련은 진흙 속에 뿌리내려 물 위에 잎을 띄우고 우뚝 솟아 꽃을 피운다. 꽃은 3일 동안 활짝 피었다가 오므리는 것을 반복한다.(3일 닦은 마음 천년의 보배라) 열매는 꽃받침에 싸여 있으며 물속에서 썩어 씨를 방출하는데, 씨는 육질의 씨껍질[種衣]에 싸여 있다. 종자에 공기주머니 같은 것을 가지고 있어서 물에 오래도록 떠 있을 수 있으며, 물이 종자 속으로 들어가지 않도록 두꺼운 껍질로 싸여 중생과 함께 하면서도 물들지 않는 불방일의 계·정·혜 삼학의 향기로 싸여 있다.

시든 꽃은 물속으로 모습을 소스라치게 감춘다. 물속에서 열매도 맺는다. 더 이상의 추한 모습을 보이지 않으려는 대장부처럼 사자후

를 일갈하고 물러남에 더 이상 윤회는 끝이 났으며, 무아의 실천인 겸
허함으로 반 열반을 준비한다. 중생들에게 법의 열매를 상속하여 회
향 한다.

　수련의 속명(屬名)인 님파이아(Nymphaea)는 로마 신화에 나오는 물의
여신 님프(Nymph)에서 유래되었다.(중생의 스승으로 성스러운 삶을 살아간다) 수
련을 포함한 수련목(睡蓮目, Nymphaeales) 식물은 식물 진화적으로 중요한
식물인데 쌍떡잎식물로 분류되면서도(세간과 출세간이 나누어져 있음에도) 떡
잎을 1장 가진다.(세간과 출세간을 분별하는 알음알이가 완전히 소멸된 아라한이다)
　연과 수련의 차이는 연은 연밥이 꽃과 함께 열리지만(세간은 꽃과 함
께 연밥을 취한다) 수련은 연밥이 없고 나중에 꽃이 떨어지고 나서 열매가
나온다. (출세간은 꽃을 피우고 나서 이익을 취하지 않는다. 충분히 중생들을 위하여 살다가
나중에 중생들에 의해서 열매를 맺게 되는 성스러운 삶을 살아가게 된다)
　내 토굴에 피었던 수련은 3일 동안 피었다가 장마가 올 것을 미리
알아차림 하고 물속으로 들어가서 열매를 맺고 있었으며 장마가 끝나
니 다시 피어났다. 어떻게 장마가 오고 가는지를 알 수 있었을까. 우
주만물의 이치였을까. 이 수련이 피어나는 지혜를 우리는 알아차려야
한다. 우연하게 수련과 인연되어 진리의 법을 알아차리게 되어 뜻 깊
게 생각한다. 그를 바라보면서 관찰한 시간들이 내게는 너무도 행복

한 시간이었다.

부처님 법은 경전에만 있는 것은 아니다. 해맑은 아이 미소에도 부처가 있고, 칼을 든 앙굴라마라의 마음속에도 부처의 법은 살아있다.

자연의 이치에서도 부처의 법문이 있었다. 영원히 변치 않는 한, 연기법이 살아서 우리들 십팔계를 두드리지만 우리 중생들은 장난감 놀이에 빠져 불이 난 줄도 모르고 희희낙락하며 윤회의 사슬에 결박된 줄도 모르며 무명 속에 허우적거리며 살아가고 있다.

"연기법을 보는 자는 여래를 보는 자요! 여래를 보고 싶거든 연기법을 보아라!" 했다. 언제 어디서나 연기법을 확인할 수 있을 것이다.

연기법 속에 살아가면서 그 연기법을 어디서 찾으려고 그렇게 헤매고 다니는지 모르겠다. 물속의 고기가 물을 찾아 뭍으로 나와 보지만 어디서 그 물을 찾을 수 있을까. 자신이 물속에서 사는 물고기 인 줄도 모른 무명(無知)인이 어찌 알 수 있으랴.

명우님들! 무명의 결박에서 어서 풀려나 저 해탈의 섬으로 같이 손잡고 가봅시다! 나는 닙바나(解脫 涅槃)섬으로 가는 빤냐(깨달음)용선의 노 젖는 사공이니 함께 배를 타고 그 섬으로 갑시다.

늘 마음을 알아차림 하시고 깔라라경의 부처님과 사리풋타 존자님의 닙바나에 대한 여실지견을 마음 챙김하는 시간을 가져야 한다.

"사리풋타 존자님이여! 만약 그대에게, '벗이여, 사리풋타 존자님이여!' 어떠한 해탈로써 그대는 위없는 지혜를 얻어 다시 태어남은 파괴되고 청정한 삶은 이루어졌으며 해야 할 일은 다 마치고 다시는 윤회하는 일이 없다고 분명히 안다고 말하겠는가?'라는 질문을 한다면 사리풋타여, 그대는 이와 같은 질문에 어떻게 대답하겠는가?"

"세존이시여, 만약 저에게 '벗이여, 사리풋타 존자님이여, 어떠한 해탈로써 그대는 위없는 지혜를 얻어 다시 태어남은 파괴되고 청정한 삶은 이루어졌으며 해야 힐 일은 다 마치고 다시는 윤회하는 일이 없다고 분명히 안다고 말하겠는가.'라는 질문을 한다면 세존이시여, 저는 그 질문에 이와 같이 대답하겠습니다.

'벗이여, 나는 안으로 해탈하여(업의 소멸) 모든 집착을 소멸하고 올바른 마음 챙김을 한다. 올바른 마음 챙김을 하는 까닭에 번뇌가 따르지 않고 스스로를 게을리 관찰하지 않는다.'"(불방일하며 마음 챙김)

스승과 제자의 법에 대한 여실지견의 경지가 생생하게 시공을 뛰어넘어 우리에게 전달되고 있다. 부처님과 사리풋타 존자님을 존경하며 두 분의 마음에 십 분에 일이라도 마음에 드는 수행자가 될 것을 서원합니다.

3) 세 번째

사띠 진명 토굴에 있는 수련을 스승으로 생각하며 배우고 마음 챙김 수행을 했다.

수련의 알아차림. 1편과 2편을 쓰고, 마지막으로 3편, 수련의 3일간의 '염화미소' 설법일대기를 썼다.

어느 날 우연한 인연으로 만나게 된 수련으로 하여금 많은 것을 깨닫게 되어 존경과 감사한 마음을 전한다. 무언으로 진리의 법을 설해주니 머리 숙여 합장의 예를 올린다.

내 토굴에서 어느 일요일 아침이었다. 교회에서 찬송가 소리가 들려오고, 아이들이 뛰어 노는 소리가 들리며, 매미가 짝을 부르는 우렁찬 소리까지 화합하여 일요일 오전이 조화로운 합창곡으로 축복을 받고 있는 시간이었다.

— 첫째 날

수련선사께서 허리를 곧게 펴시고 앉아서 꽃 한 송이 들고 법의 향기를 전하시고 계셨다. 수련은 꽃을 활짝 펴 우리를 비춰주시고 어떻게 소멸되는지를 몸소 실천하시며 법의 향기를 전해주셨다.

칫닐 오진

와서 보라, 부처님 법엔 그 어떤 비밀이나 감추어 두고 몰래 전승할 것은 없다고 하셨다. 눈 밝은 자, 수행하고 실천하면 당장 이익을 얻게 되리라! 하셨다.

세간에는 불교를 신비한 영역으로 오해하고 믿고 따른 사람들이 많다. 기복적인 불교가 되어버린 것 같아 안타까움을 면할 길이 없다. 부처님의 진솔한 사자후를 우리들은 반드시 알아차림 하여야 진정한 불교인이 되며 금생에 건강하고 행복한 삶을 살아 갈 수 있으리라 믿는다.

수련이 우리들에게 외친 소리가 들려오는 듯하다.

"와서 보라, 눈 밝은 자, 불방일하며 마음 챙김하고 '무상, 고, 무아'를 알아차림 하면 그대에게 커다란 이익이 있을 것이다."라고.

수련은 햇빛으로 서서히 고개를 들어 매무새를 단장하고 그야말로 고운 자태로 꼿꼿이 앉아서 법문을 설한 모습을 우리는 마음 알아차림 하였다.

— 오전 11시경

우리들은 수련을 면밀하게 관찰하기로 했다. 수련은 설법을 하기 위한 최상의 조건으로 우아한 자태를 드러낼 무렵, 때마침 비까지 내려서 수련을 촉촉하게 적셔 주었다. 수련은 하늘에서 내린 비를 공양으로 들이켰고 중생들을 위해 고이 간직한 감로법을 숨김없이 모든 것을 몸소 활짝 열어서 보여 주었다. 그야말로 고운 자태로 싱그럽게 활짝 피어났다. 세상에서 가장 우아한 옷을 입었으며 그 법문의 향기가 온 누리에 진동했다. 누구라도 연못에서 연꽃을 오롯이 관찰한 사람이라면 법의 향기를 맡았으리라 믿는다.

"중생들이여! 선업을 알아차림의 향기로 증장시키고 불선업은 내려놓음의 향기로 일어나지 않게 하라."라는 부처님의 말씀처럼.

자아라고 할 만한 것은 실체가 없는데 조건 지어짐이 있으면 일어

첫날 오후에 핀 수련

났다가 조건 지어짐이 없으면 사라지는 것이니, 나라고 하는 놈에게 집착하여 갈애를 일으켜 세워 괴로움의 원인을 만들지 말고 나라는 놈에게 머무는 바 없이 알아차림하며 마음 챙김하고 마음을 쓰고 살아가라고 수련은 꽃잎에 앉아있는 중생을 얼싸 앉고 다정다감하게 설법을 하시고 계십니다.

— 오후 5시경

오전엔 수련이 그야말로 은근하게 향기를 지었다. 그 때 너무 법문을 무리했을까. 아니면 곧 어둠이 온다는 사실을 알기라도 한 것일까? 지금은 고단한 몸짓으로 몸을 뉘여 와(臥)명상에 들 준비를 하고 있다.

"중생들이여! 부처님의 법은 처음도 좋지만 중간도 좋고 마지막은 더 좋다."라고 부처님이 말씀하신 것처럼.

그야말로 신비한 자세로 다소곳이 큰 뜻을 품고 있는 것처럼 향기로 일관하고 중생들과 하나라는 것을 보여주려는 듯 밤엔 쉬려고 몸을 서서히 뉘고 있었다.

─ 둘째 날

수련은 첫날과는 다르게 45도로 비스듬히 기울었다. 참고로 말씀 드리자면 수련은 3일 동안만 설법하고 중생들 속으로 들어가서 입적한다는 사실을 알아차림 해야 한다.

─ 오전 11시경

둘째 날도 어김없이 수련을 관찰했다. 물은 맑고 투명하지는 않지만 그런대로 못의 형태를 풍기고 있었다. 연못이 여전하게 수련으로 장관을 이뤄 중생들의 설렘을 일으켰다. 부레옥잠 반야와 보리라는 금붕어와 수많은 물풀들을 중생들은 깊은 관심을 가지고 심혈을 기우리며 관찰했다. 그리고 물속의 수많은 중생들과 수면을 다 취한 수련

둘째 날 핀 수련 오전 11경

이 다시 몸을 비스듬히 일으켜 세우며 염화미소로 설법하고 있다.

"수행자들이여, 여래는 이 두 가지의 극단을 버리고 중도(中道, 쾌락과 고행을 초월한 상태)를 깨달았다. 그것이 눈을 뜨게 하고 지혜가 생기게 하며 적정(寂靜)·증지(證智)·등각(等覺)·열반(涅槃)에 이르게 하는 것이다."

수행자들이여, 그러면 여래가 눈을 뜨고 지혜가 생기고 적정·증지·등각·열반에 이르게 하는 중도를 깨달았다고 하는 것은 어떤 것인가?"

"그것은 성스러운 여덟 가지의 도를 말하는 것이다. 즉 정견(正見)

· 정사(正思) · 정어(正語) · 정업(正業) · 정명(正命) · 정정진(正精進) · 정념(正念) · 정정(正定)이다.”

“수행자들이여, 이것이 여래가 깨달을 수 있었던 중도이며, 이것이 눈을 뜨고 지혜가 생기고 적정 · 증지 · 등각 · 열반에 이르게 한 것이다.”

우리 중생도 중도의 법으로 삶을 평화롭게 마음 챙김하여 보자.

이틀째 되는 날 수련은 설법을 마치고 피곤했던지 잠자리를 준비했다.

“삼일수심(三日修心)은 천재보(千載寶)요, 백년탐물(百年貪物)은 일조진(一朝塵)”이란 말을 남기고 잠자리에 들었다.

수많은 물질과 에고의 강에서 허덕이는 것이 중생들이다. 권력과 명예에 대한 탐욕으로 중생들은 먹물에 가려서 살아가고 있다. 중생들은 해탈 열반의 길이 있는지 조차 모르고 살아간다. 중생으로 태어났다는 사실만으로도 얼마나 선택받은 삶인가.

그렇다면, 단 3일 동안만이라도 대자연, 수련을 관찰하듯이 자신의 마음을 면밀하게 들여다보는 시간을 가져보자. 그 성찰의 시간을 투자하면 그 어떤 재물과 명예보다 자신에게 소중한 결과를 얻게 될 것

둘째 날 핀 수련 오전 11경

이다. 오로지 물질과 명예에 대한 탐욕으로 자신의 삶을 망쳐버리는 결과를 초래하지 말고, 죽음의 길에 무엇을 가져갈 수 있을 지를 생각해 보는 시간이 되길 바란다.

만약에 돈과 명예를 밝히던 사람은 그 무게에 눌려 어디로 갈까?

지혜로운 사람이라면 업의 무게가 가벼워야 좋은 곳에 씨를 뿌린다는 사실은 다 알고 있다. 부처님의 법은 비밀이 없다. 팔정도를 열심히 수행하고 실천하는 사람은 재가자나 출가자나 그 누구나 해탈열반을 얻을 수 있다고 부처님이 말씀하고 있다.

부처님 법은 실질적으로 어렵지 않다. 왜냐하면 비밀스럽게 무엇을 숨겨놓고 안 가르쳐 주는 것이 없기 때문이다. 부처님이 말씀하신 경전에 입각하여, 실천 수행을 하면 누구나 보리를 이루어 해탈 열반의 삶을 살아갈 수 있다.

─셋째 날

3일째 수련을 관찰했다.

수련은 마지막 설법을 준비하고 있다. 물속의 중생들과 함께 몸을 허락하고 머리만 물 밖으로 빼꼼이 내어놓고 보리라는 금붕어가 법자리를 정리정돈하고 있다. 수단법석(水壇法席)의 자리가 만들어지고 있는 것이다.

수련은 물 밖에서의 모습으로 마지막 설법을 보여주고 있다. 오른쪽으로 기울어져 편안하게 누워서 향기로운 설법.

"모든 것은 반드시 소멸하는 것이 영원한 진리다. 불방일하고, 마음 알아차림 현전으로 수행정진하여 해탈열반을 성취하라!

지금 이 순간 마음 알아차림으로 팔정도를 실천 수행하면 그 길은 보장되어 있느니라."라고 고구정녕 중생들을 아끼시고 자애와 자비심

셋째 날 오전

으로 부처님이 설하셨다.

우리 명우님들은 부처님의 마지막 유훈의 말씀을 뼛속 깊이 마음으로 알아차림 하여 부처님의 참 마음을 이해하고 실천하는 불제자가 되어야만 윤회의 길에서 벗어날 수 있는 기회가 생긴다고 말하고 싶다.

부처님은 우리에게 무리한 요구를 하지도 않는다.

"궁극의 행복을 원하는 자, 자! 여기에 와서 보고 이해하고 실천하며 지금 당장 그대들의 이익을 확인하라."

"그것은 아주 쉬운 것이다. 선업을 행하고, 불선업을 일으키지 않는 것이다."

그러므로 찰나 불방일하며 모든 할일을 하라!"(불방일은 마음 알아차림

셋째 날 정오

현전으로 이해하시길 바랍니다)

모든 꽃잎을 다 펼치고 법의향기를 온 누리에 마음껏 대자대비의 실천을 몸소 보여주고 있다.

"여래는 모든 것을 다 주었다. 이제 더 이상 선우님들에게 나누어 줄 것이 없다."

우리는 수련을 통하여 부처님의 참 마음을 느꼈듯이 보고 듣고 배우고 실천하는 삶을 살아야 하고 부처님은 모든 것을 다 주시고도 너무도 안타까운 마음에 당부에 당부를 거듭 남기셨다.

부처님은 모든 것을 아낌없이 다 주셨다. 부처님의 성스럽고 숭고함을 교훈 삼아 우리도 중생들을 위해 아낌없이 나눌 수 있는 삶을 살아야 한다.

"자신을 섬으로 삼아 머물고 자신에 의지하여 머물고 다른 이에게 의지하지 말고, 또한 법을 섬으로 삼아 머물고 법에 의지하여 머물고 다른 것에 의지하지 않아야 하느니라. 그 수행자는 여래의 제자 중에서 최고의 수행자가 될 것이다."라고 부처님이 말씀하셨다.

수련은 3일 동안에 모든 법을 설하고 성스럽고 숭고한 입적을 위해 중생들의 세계로 들어서고 있나.

"탐욕이 영원히 없어지고 성냄이 영원히 없어지고 어리석음이 영원히 없어진 것을 열반이라고 한다."

수련은 금붕어 보리, 반야에게 말했다.

"보리 반야여! 그대들 중에 이런 생각을 할지도 모른다.'스승의 말씀은 끝났다. 우리는 이제 스승 없이 지내야 한다.'그러나 그렇게 생각해서는 안 되느니라. 내가 간 후에는 내가 설한 법과 내가 정한 계와 율을 너희들의 스승으로 삼도록 하여라."

우리는 진정으로 부처님의 참 마음의 경전과 계를 의지하여, 자신의 마음을 알아차림하고 정진하는 삶을 살아가야 한다. 부처님을 신

셋째 날 오후 6시

격화한다든지, 부처님의 참 마음을 자신의 입맛대로 재해석하여 부처님을 비방하는 일은 없어야 한다. 부처님의 비밀이 없는 법을 우리에게 일러준 법에 따라 팔정도를 열심히 수행하고 실천하는 사람은 재가자나 출가자나 그 누구나 해탈열반을 얻을 수 있다고 부처님은 보증하셨다.

왜냐하면 비밀스럽게 무엇을 숨기고 안 가르쳐주고 하는 것이 없기 때문에 부처님이 말씀하신 경전에 입각하여 실천수행하면 어느 누구나 깨달음을 이루어 궁극적인 행복의 삶을 살아 갈 수 있는 것이다.

셋째 날 오후 8시

수련은 이제 입적하여 뭍 중생들의 손에 맡겨져 수장할 준비에 들었다. 물속에서 서서히 열매를 맺고 불성의 종자를 보호하여 새로운 수련으로 탄생하는 것으로 꽃의 생명을 마감했다.

반야보리제자들이 수련의 마지막 모습을 아쉬워하듯 주위를 맴돌며 존경을 표하고 있다. 우리도 마음으로 알아차림하여 늘 깨어 있는 물고기처럼 수행에 게으름을 피우지 않기를 소망한다.

4) 넷째 날 오전

수련은 중생들의 품에 잠겨 평온한 모습으로 입적했다. 모든 것은

넷째 날 오전

조건 지어진 인연 따라 피어났다가 조건 지어진 인연이 다하면 사라지는 것이 영원한 진리의 법이다.

"인간으로 조건 지어진 최상의 인연을 만났을 때 보시하는 선업을 쌓고, 정진하고 마음 알아차림 수행을 하면서 중도법인 '팔정도'를 실천하는 삶을 살아가면 반드시 행복으로 가는 길에 들어서 있는 자가 될 것이다."

"방일하지 말고, 매사 행주좌와 어묵동정에 불방일한 마음 챙김으로 선업을 쌓아 할 바를 다하라!"

불방일하고 불방일하라!

넷째 날 오후 5시

수련은 더 이상 설법소리가 들리지 않는다. 모든 것을 내려놓았기 때문에 더 이상 설할 것이 없다.

오직 하늘에서 꽃비가 내려 수련이 설법의 숭고하고 성스러운 통찰지의 공덕을 찬탄하고 있다.

지금까지 수련의 4일간에 설법을 보고 듣고 불방일한 마음 알아차림으로 수행을 삼아 수련의 설법에 따라 수행자도 흔들림 없는 마음챙김으로 정진하면 반듯이 해탈 열반을 이룰 것이다.

미력하지만 수련의 성스럽고 숭고한 설법을 경외심으로 찬탄하며 시를 올려 본다.

오온의 중생으로 오셔서 연기법으로 깨달음을 얻으시고
어느 누구이 법을 알 수 있을까?

고민하시다가
손수 모범을 보이며 실천하시여
법의 진리를 "사정제와 팔정도"로 설하시고
모든 중생들에게 비밀이 없이 와서 보라!

남김없이 주고 가신다네.
그 누가 감히 신비주의자로 매도하는가?
진리의 법은 비밀이 없는 것이다.

따로 부촉한 것 없으니
알음알이 내어
중생들을 속이지 말지어다.

이 수련이 몸소 3일간의 말없는 말의 설법을 하였으니
눈 밝은 자, 귀 밝은 자

넷째 날 오후 완전히 물속으로 잠긴 모습

무상, 고, 무아의 도리를

불방일하며 마음 알아차림 함으로써 깨우쳤을 것이니

입적할 때까지 한 치의 방일함도 없이

마음 알아차림 하여 정진하고 정진하여라.

모든 형상은 덧없이 무너져 내린다.

그 어디에 의지하고 믿을 것인가?

오직 계의 향기에 의지하고

부처님의 참 마음을 믿어 지녀라.

이 찰나 찰나 불방일하고 마음 챙김 하여

팔정도를 실천하여

행복의 길에서 해탈의 감로차를 마시며

열반의 도시에서 행복하게 살아가라!

불방일로 마음 알아차림하고 수련을 4일간 관찰하고 나서 올린 시
입니다.

초심으로 알아차림 수행 

부산 광안리 토굴에서 있었던 얘기를 초심으로 명상일기를 썼다. 어느 날 밤에 갑자기 몸이 많이 아팠다. 몸이 한속기가 일고 온도가 올랐다 내렸다가를 저녁 내내 반복하여 너무도 견뎌내기 힘든 밤을 보냈다. 아침에 일어나서 병원 문 열기를 기다렸다가 링거(Ringer)를 맞고 약을 먹었더니 몸이 거뜬해졌다. 간밤엔 죽을 것만 같았던 몸이 약의 도움을 받았더니 어느 새 활기를 찾을 수 있었다. 우리들은 몸이 아플 때는 "내가 혹시 죽을 병이 들었나?"하고 별별 생각을 하면서 금새 의욕이 상실되고 그러다가 병원에 다녀오면 언제 그랬냐는 식으로 다시 활기를 찾아 살아간다. 모든 것은 생하고 멸하고 하는 것처럼 우리의 고통과 병마도 마찬가지로 일어났다 사라지게 마련이다. 이 모든 것들은 일어났다 사라지므로 우주의 진리다.

우리는 이런 현상들을 알아차림으로 마음챙김을 해야 한다. 매 순간마다 알아차림 하는 것이 명상 수행이다.

어릴 적 고향의 저수지 앞에서 "나는 누구인가"를 외치면서 진리를 찾아 방황하고 헤맸던 시절이 있었고 우연히 나에게 다가온《행동하지 않는 자》란 책은 내 인생을 바꾼 계기가 되었다. 그 책을 읽고 나서 오토바이를 타고 전국 사찰을 돌아다니며 부처님법과 가까워지기 시작했다.

'초발심시변정각'이라는 경문이 있다. 초심의 마음이 부처를 이룬다는 정도로 이해 할 수 있겠다. 부처가 되고자 처음 낸 마음(發菩提心)을 세월이 지나도 지킬 수 있다면 반드시 정각을 이루리라. 하지만 우리는 수행의 세월이 지나감에 따라 매너리즘에 함몰되어 초심의 마음들이 방일(마음 알아차림이 안 되는 것)하게 되어 수행이 퇴보되고 환희심과 정진력이 떨어지게 되어 회의를 느끼는 과정을 겪게 된다.

그래서 초심의 마음을 지키고 간직할 수 있으면 반드시 부처를 이룰 수 있다고 한다. 명상일기를 처음 쓰면서 초심의 마음을 간직하고 마음챙김 함으로써 수행에 정진할 수 있으리라 알아차림 해 본다.

소통과 나눔을 통한 행복한 세상 

중국 명나라 때의 철학자인 왕간(王艮, 1483~1540)의 통찰지에 관한 우화를 소개한다.

도를 얻으려는 사람이 어느 날 우연히 시장을 지나가게 되었다. 생선 가게에서 그는 우연히 드렁허리가 잔뜩 들어 있는 대야를 보았다. 드렁허리들은 서로 얽히고 눌려서 마치 죽은 것처럼 보였다. 바로 그 순간 그는 미꾸라지 한 마리를 보았다. 미꾸라지는 드렁허리들 속에서 나와 아래로 위로, 혹은 좌측으로 우측으로, 또 앞으로 뒤로 움직이고 있었다. 쉬지 않고 생생하게 움직이는 것이 마치 신묘한 용과 같았다. 그러자 드렁허리들은 몸을 움직이므로 기운이 통해서 '삶의 의지'를 회복하게 되었다.

　　—《왕심재전집》추선설

　　이 미꾸라지 우화를 통해 왕간님은 우리에게 소통과 나눔으로 행복한 사회를 만들고자 했던 것 같다. 나는 사띠수행 공동체를 서원하며 수행 정진한다. 사띠수행 공동체를 통하여 소통과 나눔 그리고 모두 다 행복한 삶을 영위할 수 있는 길을 안내하고자 한다.

　　노블리스 오블리주는 인위적인 동정과 연민으로써 다른 사람들에게 무엇인가를 책임지고 베풀어야하는 수동적인 사고방식을 가지고 있다. 이 미꾸라지 우화는 진정한 노블리스 오블리주가 자신의 순수한 마음에서 나온 사랑과 자비심의 마음으로 다른 사람들을 위해 진솔하게 살아가야 한다는 것으로 이 불교에서 말하는 무주상보시다.

　　계속해서 드렁허리 얘기를 이어본다.

　　드렁허리들이 몸을 움직일 수 있도록 해준 것은 바로 미꾸라지 때문이다. 미꾸라지가 움직이고 사방으로 돌아다니므로 기운을 주고 소통을 시켜주었기 때문에 삶의 의지를 회복했던 것이다. 미꾸라지가 즐겁게 움직인 이유는 드렁허리들을 위해서도 아니고 단지 미꾸라지는 자신의 본성에 따라 움직였을 뿐이다.

여기서 우리들이 배울 수 있는 교훈은 우리가 자신의 심리적인 작
용들을 잘 알아차림하면서 순수한 사랑과 자비심이 심연의 밑바닥에
서 솟구쳐 올라왔을 때 그것을 실천하고 나누면 꽉 막힌 우리 사회는
소통과 나눔을 실천할 수 있는 건전한 사회가 될 것이다.

물속의 물고기,
물을 찾아 어디로 가는가

녹야선원 텃밭에 초청하지 않은 손님들이 찾아왔다. 텃밭의 가족처럼 한 자리를 차지하고 새록새록 자라고 있었다. 어차피 맺어진 인연인지라 차별하지 않고 물을 적당량으로 다 같이 정성껏 주었더니 어느새 옆에 있는 친구들처럼 무럭무럭 진녹색으로 자랐다. 무릇 자연이 그렇듯, 수행자들의 소중한 삶도 마찬가지다.

새로운 사띠 수행원으로 이사한 지 벌써 한 달이 되어가고 있었다. 이곳은 햇볕이 잘 드는 곳이다. 젖은 빨래가 잘 마르듯이 음습한 육신도 깨끗하게 정화시켜준다. 더불어서 두터운 업까지도 녹여줄 수 있는 청청하고 아름다운 곳이며 명상하기에 최적이다.

귀중한 인연으로 식물에게 물을 주었던 것처럼 내게도 법비를 충분하게 내려 주었고, 내 양식과 성품이 잘 자라도록 편안한 안식처가 되었다.

게다가 텃밭까지 있어서 불성의 물을 줄 수 있었고, 주변을 청소할 수 있게 해주어서 맑은 정신을 갖게 해주었다. 빨래와 공양 준비를 손수 하면서 알아차림으로 수행했다. 명상선원을 할 때 보다 훨씬 부지런해졌다. 그러다보니 자연의 이치가 사람의 이치라는 것을 깨닫게 되었다.

모든 인연은 법에 의해 일어났다가 사라진다.

사념처(몸, 느낌, 마음, 심리적 현상, 이 네 가지를 알아차림하는 것) 수행법에서 모든 인연으로 일어나는 것을 법이라 한다. 이 법을 잘 다스려 마음 챙김하고 정진하면 생사가 두려울 것이 없다. 우리들은 자신이 무엇인 줄 모르기 때문에 죽음을 두렵다고 생각한다. 더 중요한 것은 사방팔방으로 돌아다녀도 자신이 만족할 만한 길은 없다. 예를 들어서, 물고기를 허공으로 띄워 날게 하려고 발버둥치고, 새를 물속에서 헤엄치게 하려고 발버둥 치면서 살아가는 세상이다. 이 얼마나 어리석은 일인가.

중생들의 삶을 엿보자면, 자신의 행동으로 인하여 이미 세가지 나쁜마음(욕망 · 성냄 · 어리석음)이 골수까지 파고들었다는 사실도 모른 채 상대방만 원망하고 시기하고 질투한다. 이것이 중생들의 삶이다.

그렇게 많이 쌓은 업장(나쁜 습관의 쌓임)을 어떻게 씻어 낼 수 있단 말인가?

자신이 만들어 낸 업이 얼마만큼 쌓였는지, 업이 얼마나 두텁고 무서운지 안다면 하루 속히 인연(스승, 멘토)을 찾아 나서야 한다. 스승을 만나서 숭고하게 정진으로 사띠 알아차림 수행을 해야 한다.

한 마음 돌이켜 자신을 발견하면 거기에 누가 있으며 누가 그 자리를 말할 수 있으리오! 오직 자신만이 그 자리에서 확인할 수 있으리라! 물속에서 물고기가 목이 마르다고 하소연 한다. 자신이 물속에 살아감을 모르고 살아가니 다른 곳에서 물을 찾으려 아무리 노력한들 찾아 질 수 있겠는가? 이것이 우리의 참 모습이다. 물속에 있으면서 물을 찾는 물고기처럼 살아가는 무명의 삶에서 벗어나야지 살아서도 행복하고 죽어서도 선처에 나지 않겠는가?

명상을 통해 알아차림과 마음 챙김, 그리고 깨어 있는 마음 지혜와 통찰로 행복한 삶을 살다보면 지금도 즐겁고 나중에도 기쁜 날이 기다리고 있을 것이다. 순간순간 찰나 마음 알아차림 하면서 정진하는 삶을 살아가길 축원한다.

변화를 두려워하지 마라

변화를 두려워하고 무서워하는 사람들은 진화할 수 없다. 이 세상에 진리는 모든 것이 변하는 것인데 이것을 영원한 진리의 법이라고 한다.

그래서 일찍이 동양에서는 주역이 자연의 이치를 밝혔고, 붓다는 모든 것은 무상이라고 외쳤다. 그러나 우리는 고정관념에 빠져 벗어나려고 하질 않는다. 자기가 사는 울타리 밖으로 넘어서면 꼭 죽을 것만 같은 두려움과 공포에 휩싸여 살아간다. 울타리 밖으로 나가는 사람을 보면 미친 사람이라고 손가락질을 하고 울타리 안에서 빙빙 돌아가는 쳇바퀴처럼 살아가야만 안심하는 것이 중생심이다.

개구리가 우물 안 세상이 전부로 알고 살아간 것처럼 중생들이 그렇게 살아가고 있다. 우리는 변화의 물결 속에 시시각각으로 찰나 생과 멸이 유동적으로 움직이는 것처럼 살아가야 한다. 우리의 마음은 흐르는 물처럼 자연스럽게 흘러가야 하고 고인 물이 썩듯이 인생도 머무르면 썩게 마련이다. 그리하여 향기보다는 썩은 냄새를 풍기게 된다.

우리가 마치 흐르는 물처럼 변화되어 갈 때 사람으로서 살아있다는 충만감을 느낄 수 있으리라. 어떠한 고정관념에 사로잡혀 자신을 울타리에 가두지 말고 있는 그대로 모든 것을 자연스럽게 맡기면 스스로 길을 찾아 가게 마련이다. 인위적으로 뜯어 고치려고 하지 마라. 우리 모두 스스로의 길을 발견해 가는 진화의 흐름 속으로 가고 있나니.

이제 우리는 모든 가능성을 열어두고 모든 것들을 수용하고 조화롭게 행동하고 진화의 물결 속으로 뛰어 들기만 하면 된다. 그러면 자연이 다 알아서 저 언덕으로 자연스럽게 데려다 줄 것이다.

이것이 사띠수행이다. 명상을 통해 우리는 변화를 받아들이고 저 언덕으로 갈 수 있다. 이제 사띠수행의 물결 속으로 뛰어 들기만 하면 되는 것이다. 두려워하지 말고 이제저 사띠수행의 물결 속으로 뛰어 들어 의식의 확장을 경험하고 진화의 깨달음을 만끽하자. 우리는 모두 다 진화의 깨달음을 찾아 가는 사띠수행자이다.

이제 사띠수행으로 깨달음의 세계로 가보자. 이 세상에 온 목적이 바로 여기에 있다. 그것은 바로 사띠수행을 통한 깨달음을 성취하여 이생에 건강하고 행복하게 살아가는 것일 뿐이다 변화만이 우리를 저 언덕으로 인도해 주는 것이다. 변화 속으로 어서 뛰어 들어가 보자. 다른 선택의 여지가 없다. 고민하지 마라. 계산하지 마라. 그러면 때는 늦으리라. 미루면 그때는 이미 윤회의 소용돌이에 휩싸여 가리라. 정녕 그 속에서 빠져나올 수 없을 것이다. 어서 변화의 물결 속으로 뛰어들어 깨달음의 길을 걸으라.

부처님께서 당부하노니 지금 당장 사띠수행의 물결 속으로 뛰어들어 깨달음의 감로수를 마음껏 마셔라. 영원한 생명수인 감로수를 축복과 은총으로 마셔라. 그러면 그대는 다시는 이 세상에 오지 않는 자가 되리라.

수행자들이여! 사띠수행을 하라.

알아차림의 명상

어느 날 점심공양 후 차 사띠 수행 시간에 한 신도가 질문을 했다.

"원장님, 공부는 언제까지 해야 하나요?"

"죽을 때까지 끊임없이 공부해야 합니다."

하고 대답했다. 또 다른 질문이 이어졌다.

"원장님, 도가 무엇입니까? 사띠수행이 무엇입니까?"

"도란 팔정도를 통해 궁극적인 행복을 찾아가는 끊임없는 길이랍니다." 또한

"길을 가다가 쉬었다가 다시 걸음걸이를 옮기는 것이기도 합니다."

사띠수행 또한 도와 같은 말이다. 다만 언어에 차이가 있을 뿐이다.

사띠수행이 세상을 살아가면서 모든 것들과 조화롭게 살아가는 것이다.

사띠수행, 지금 현재의 모든 것들과 하나 되어 있음을 마음 알아차림하는 것이다.

사띠수행, 지금 이 순간 모든 것들과 온전히 사랑하면 분명한 삶인 것이다.

사띠수행, 과거의 나가 없는 것이다.

사띠수행, 미래의 나를 상상하는 것이 아니다.

사띠수행, 지금 이 순간 자신의 호흡을 느끼고 체험하는 과정이다.

사띠수행, 지금 이 순간 사랑하는 사람과 입맞춤이다.

사띠수행, 이 순간 이 글을 쓰고 있는 지금 이 순간의 현재 진행형이다.

우리는 자신을 찾아 어디론가 여행을 떠나고 자신의 집에(宇宙) 항상 없다. 그때 붓다, 자신을 찾아오지만 우리는 여행을 떠났기 때문에 자신의 붓다를 발견할 수가 없다. 사띠 수행은 무조건 명상 좌를 하고 있는 것이 아니다. 사띠 수행은 모든 일상사가 다 사띠 수행 주제인 것이다. 그래서 어느 선사는 "평상심이 도"라고 말했다.

우리가 살아가면서 흙처럼 모든 것들을 수용하고 겸허히 행동하는 것이 사띠 수행의 출발이다. 우선, 모든 인연의 일어남을 반갑게 받아들여 분별심을 내지 말고 있는 그대로 보는 것이다. 우리의 인연을 소중히 생각하는 마음에서 부터 사띠수행은 시작된다. 사람이든 공기이든 먹는 것이든 이 우주 삼라만상의 모든 것을 인연법으로 여기고 겸허하게 받아들이며 조심스럽게 알아차림하며 살아가야 한다.

가장 쉽게 할 수 있는 명상수행

마음을 비운다.

마음을 닦는다.

마음을 다 잡는다.

마음을 관찰한다.

마음을 주시한다.

마음을 본다.

마음을 다스린다.

마음을 내려놓는다.

마음을 관조한다.

다 좋은 말이다. 하지만 이제는 우리들에게 일어나는 모든 일들을 알아차림 잘하는 것이 일상 속에서 가장 쉽게 할 수 있는 사띠 명상수 행이다. 우리는 시간이 없어서 바빠서 명상을 할 시간이 없다고 한다. 과연 우리는 무엇을 향해 그렇게 바쁘게 살아가며 시간이 없다고 한다는 말인가?

자신의 가장 소중한 보물이 내면에서 영롱하게 빛나고 있는데 그 어디서 보물을 찾으러 그렇게 바삐 돌아다니고 있는가?

지금 당장 자신의 내면으로 돌아와 자신의 보물을 소중하게 보호하고 누가 훔쳐가지 않도록 지키고 지키라!

우리는 이 세상의 유일 무일한 기적의 삶을 살아가고 있다.

자신이 이 세상의 모든 일들을 알아차림 잘 하면서 건강하고 행복한 삶을 살아가기 위해서 당장 사띠수행 하라!

곧 죽음의 어둠이 몰려올 때는 이미 늦으리라. 마귀의 손에 우리는 저 머나먼 고통스러운 윤회의 바퀴 속으로 달음박질 쳐 갈 것이다. 얼마나 많은 시간이 흘러야 다시 인간의 몸을 받을 것인가? 두렵지 않은가? 지금 이 순간! 사띠 수행을 하지 않는다면 악마와 친구가 된 것이다. 하루에 한 시간이라도 자신의 보물을 쓰다듬고 닦고 사랑하라! 그러면 다시는 그대는 악마의 품속에서 벗어나 해탈인이 되어 세상을 주유할 것이다.

사띠마(사띠 수행을 하는 사람들)님들이여! 명상수행을 더 이상 미루지 말고 더 이상 시간이 없다고 미루지 말고 더 이상 바쁘다고 명상수행을 미루지 말고 자신의 건강과 행복을 위하여 사띠 수행을 미루지 말자!

약수

매일 이른 새벽에 김해 신어산 은하사에서 약수를 떠 온다. 우리 수행자들이 사띠 수행하면서 마시고 사용할 물이다. 수행원에서는 사띠수행 다도와 차 호흡명상, 체질맞춤차 등 차를 많이 마시며 사띠 수행하고 있기 때문에 물을 많이 길러온다.

찻물은 청정수가 차 맛을 결정하고, 더더구나 사띠수행 차는 맑고 깨끗한 물로 사용해야 한다. 물에도 성품이 있기 때문에 온 마음을 다해서 기도하고 정성을 들여서 보듬어 주고 칭찬의 말을 해줘야 물이 육각수로 변하여 인체에 이로운 물이 된다. 물을 헐뜯고 나쁜 말을 많이 듣는 물은, 물의 질이 나쁜 물로 결정체를 바꾼다고 한다. 물에도 이런 성품이 있으니 어찌 만물 하나하나라도 소홀이 할 수 있겠는가.

물을 기르는데 내 정성을 온 마음으로 다했다. 우리 사띠수행원의 명우님들이 맑고 청아한 물을 마실 수 있도록 최선을 다했으며 또한 맑고 청아한 물의 성품을 닮아가길 기원하는 마음으로 물을 떠다 날렸다.

단현선우님과 대화

먼저 단현선우님은 다음카페 원불사의 카페지기님이다.

원불사는 불교개혁카페이다.

2009년 8월 6일부터 스님의 한줄 말씀을 시작으로 글을 올리면서 단현선우님과 인연을 맺게 되었다.

지금도 새벽예불이 끝나고 법문을 써서 올리고 있다.

이글은 저와 단현님과의 댓글을 모아서 옮겨보는 것이다.

시시 때때로 부처님의 불방일한 삶을 머릿속에 그려보았다. 그러면 큰 감동의 물결에 휩싸이게 된다. 한 마디로 표현하자면 한없이 거룩

하시다는 것밖에 달리 표현할 그 어떤 언어가 없는 것 같다. 초기경전을 보면 부처님을 아버지로, 그를 따르는 모든 제자를 아들로 표현하고 있다.

—《잡아함경》45권 15자자

부처님은 한없이 인자하신 아버지와 같다. 그야말로 숨소리조차도 요란하다 할 만큼 조용하시고, 논리적인 설득으로 우리들에게 선업을 쌓게 하신다. 그리하여 해탈의 길로 한 사람이라도 더 이끌기 위해 온 생애를 한 치의 빈틈없이 불빙일하며 살다 가신 완벽한 인간의 개혁가이다.

나는 소크라테스도 서양의 아라한이라고 마음 알아차림 한다. 소크라테스도 논리법이 자신의 마음에 들도록 질문과 답을 얻어내어 사람들을 교화한 선각자였다.

불자는 부처님의 생애와 사상을 최우선으로 이해해야 한다. 그래야 진정한 부처님의 사상과 진리의 법을 알아차림 할 수가 있다. 그리하여 정법으로 불교를 믿고 실천하면 건강하고 행복한 삶이 된다.

부처님은 상가공동체 수행자들을 명상의 벗으로 생각하고 그들 위에 군림하거나 권력과 아만심이 없는 진정으로 겸허함 즉 무아의 삶을 살아가신 완벽한 인간이셨다.

단현님이 내게 말씀하시길, 아버지처럼 재가자들을 잘 돌보는 진정한 수행자가 되라 했는데, 이 오취온 덩어리를 어디에 두어야 할지 부끄럽기만 하다. 그러나 최선을 다 하겠다. 진정한 수행인으로서 진리의 법을 전달하기 위해 지속적으로 노력하여 전법을 할 것이다. 거의 평생을 책을 손에서 놓아 본적이 없었지만 더욱 더 정진할 것을 약속한다.

수행자와 재가자가 함께 수행할 수 있는 사띠수행 공동체의 공간을 건립하는 것을 서원한다. 모든 사띠 수행자들과 함께 살아가는 삶이야말로 수행자의 길이라 여기므로 행복으로 가는 길에 많은 사람들이 동참하길 바라는 마음에서다. 사띠수행 공동체는 도심에서 기초교리와 사띠 수행을 전하기 위한 꼭 필요한 전법도량이라 알아차림 한다.

도심에서 그리 멀지않은 곳에 재가자들이 사띠수행 공동체를 운영하는 방식으로 맑고 투명하게 시스템을 운영하겠다. 오롯 참 명상만의 존재한 장으로 명실상부하게 거듭나리라 믿는다. 나는 지도법사 스님으로써 충실한 안내자가 될 것이며 수행과 설법에 온 힘을 다할 것이다.

모든 전반적인 운영은 재가자 중심으로 법인화하여 초기불교에 입각하여 부처님의 참 불교를 우리가 하루 속히 정착시켜야 한다. 수행자와 재가자가 가르치는 사람과 배우는 사람이라는 개념에서 벗어나 모두가 연기법으로 조건 지어짐으로 일어남을 확고하게 마음 알아차림을 하게 된다. 누구라도 사띠마와 선우님이 되어 함께 사띠수행 공동체의 주인이 되게 할 것이다. 다 같이 참여하여 참여불교가 되고 수행불교가 되고 실천불교가 되어서 모두가 중생들을 위한 건강하고 행복한 삶을 살아갈 수 있도록 할 것이다. 이것이 바로 부처님이 원하신 불교의 참모습이므로 한 치의 의심도 없이 불방일해야 한다.

스님이란 호칭에 대하여 생각해 보았다. 스님이란 호칭보다 더 좋은 호칭은 없을 것 같았다. 스승님의 준말이고 순수한 우리말이어서 더없이 좋다. 그리고 수행자는 개인적인 것이고, 새가자 앞에서는 싱직자가 된다.

종교를 직업삼은 것이 아니라 성스러운 직책이란 뜻으로 나는 '성직자가 아니라 수행자'라는 말이 옳을 수도 있고 그렇지도 않을 수도 있는 양면성을 가졌다고 생각한다. 천주교에서는 신부를 아버지라 부르며 성직자를 아버지라 부를 때 그것을 나쁘다고 할 수 없기 때문이다. 모든 스님들이 모두가 진정한 수행자이고 성직자이면서 스승이 되고 아버지가 되는 그날이 하루 빨리 오기를 기대해 본다.

단현님이 하신 말씀이다.

저는 이중인격자입니다. 원불교나 불교카페에서 혹은 모임에서는 제법 공부가 된 것처럼 조심스러운 행동을 하고 혼자 있거나 이권이 있을 때는 욕심을 부릴 때도 있는데 스님께서 저의 일면만 보시고 좋고 높은 호칭으로 불러주셔서 감당키 어렵습니다.

그저 단현이라는 호칭이면 고맙겠습니다. 다만 호칭에 따라서 체면치레는 하게 되는데 회장이면 회장 체면에 불교인이면 불교인 체면에 맞게 앞으로 더 조신한 삶을 살라는 경책으로 받겠습니다. 감사합니다.

스님께서 너무 높은 이상을 꿈 꾸셨습니다.

지금 한국에서 기복이 아닌데도 거금을 쾌척하실 불자가 몇이나 있겠습니까? 차라리 기복으로 많은 신자를 끌어들인 다음에 불사를 일으키고 건축한 후에 간판만 바꿔달면 몰라도 초기불교라고 하면 누가 있어 큰 시주를 할까요? 저 역시 큰 불사를 꿈꿉니다, 주위 분들이 고개를 젓습니다.

기복하고 사주도 보고, 부적도 쓰고 재를 지내야 돈이 된다고, 그러나 오래지 않아 새로운 바람이 불어 올 것으로 생각합니다. 이미 기하급수적으로 초기불교의 바람에 수많은 분들이 관심을 보이고 변하고 있으니까요. 그 어떠한 계기가 필요합니다만 스님의 원대한 꿈에 부처님의 가피가 임하시길 두 손 모아 기원합니다.

저는 단현선우님의 댓글에 이렇게 답했다.

단현선우님, 관심과 조언에 진심으로 감사 올립니다. 부처님 참법에 대한 불퇴전은 되어있는 것 같습니다. 그 어떠한 방편을 써서 포교를 하고 싶지는 않습니다. 불교는 모르고 지은 업이 더 무겁다고 했듯이 나도 우물 안에 개구리로 살아온 날들이 더 많았으니까요.

그러나 어느 날 너른 세상을 보고 나니 부처님의 참 마음을 이해하게 되었답니다. 여기 아프리카 원주민들의 격언이 마음에 와 닿아서 적어봅니다. 그들은 비가 오지 않으면 기우제를 지내는데 비가 올 때까지 기우제를 지낸다고 합니다. 이 격언을 거울삼아 부처님의 참 마음이 전해 질 때까지 천천히 꿋꿋이 교화해 나갈 것입니다.

단현님, 부처님의 위대한 가르침을 실천할 수 있는 삶의 공동체를 통해 실현해 갑시다. 이 대화의 공덕으로 단현님의 육체적 고통이 소멸하고 정신적 고통 또한 소멸하여 이생에 도과를 성취하시길 축원합니다.

2

행동으로 느낌

● 불방일

부처님은 출가하여 불방일(마음이 깨어있는 상태)하며 정진함으로 연기법(인연법)으로 보리(깨달음)를 이루었다네.

이 진리의 법을 설하면 과연 누가 이해할 수 있을까?

불방일한 마음 챙김으로 어딘가 이해할 수 있는 수행자가 있으리라!

바라나시 이시파타나 마가다야 에서 다섯 수행자들에게 불방일한 마음으로 초전법륜을 굴리네.

불방일하시면서 연기법과 사성제(불교의 진리법으로 고통의 해결방법을 네가

지로 말함) 그리고 팔정도(인간이 가야할 최상의 길 8가지)를 실천하면 열반(궁극
적 행복)을 이룬다 하셨네.

육십일 인의 수행자가 보리를 이루자, 불방일한 마음으로 전법(불
교의 법을 전하는 것) 선언을 하시네.

"수행자들이여, 불방일한 마음 챙김으로 많은 사람들의 이익과 행
복을 위하여

수행자들이여, 불방일한 마음 챙김으로 세상을 불쌍히 여기고 인
천(人天)의 이익과 행복을 위해서 두 사람이 한 길로 가지 말라. 그리고
처음도 좋고 중간도 좋고 마지막도 좋게 논리정연하고 정확한 표현으
로 법을 설하라.

그리고 진정으로 원만하고 청정한 범행을 설하라. 사람들 가운데
는 아직 때 묻지 않은 사람도 많다. 하지만 수행자들이여, 그들도 설법
을 듣지 못한다면 금방 타락할 것이다.

그러나 수행자들이여, 불방일한 마음 챙김으로 설하는 법문을 들
으면 곧 깨달을 것이다."

45년을 불방일하며 걸식하고 마음 알아차림 하시고 법을 설하였
다네.

찾아오는 모든 중생들과 수행자들에게 불방일하시며 다정다감하

게 논리적으로 대기설법(듣는 사람들의 근기에 맞춰 설하신 법)을 하였다네.

팔십 세에 쿠시나가라 교외의 사라나무 아래에서 불방일하며 마지막 유훈을 남기셨다.

"수행자들이여, 참으로 이제 불방일하며 그대들에게 당부하노니 형성된 것들은 소멸하기 마련인 법이다.

불방일 정진하여 열반을 성취하라."

"이것이 여래(부처님)의 불방일한 마음의 마지막 유훈이다."간곡히 당부하시고 마지막으로 불방일하시며 반열반에 드셨다. 방일한 인간으로 오셔서 최상의 인간 완성인 불방일한 삶을 사셨다.

우리는 부처님에게 불방일의 삶의 향기를 배워야 한다. 부처님은 불방일하며 팔정도를 실천하면 어느 누구나 이생에 열반의 삶을 살아간다고 보증 하셨다.

우리 수행자와 중생들은 불방일하며 팔정도를 실천하는 삶만이 진리의 삶을 살아갈 수 있다.

불교는 어렵지 않다.

어느 누구나 알 수 있고 변하지 않는 영원한 진리의 법이며, 부처님이 계시나 안 계시나 진리의 법인 연기법은 영원히 존재한다고 부처님이 말씀하셨다.

우리는 부처님이 처음도 좋고 중간도 좋고 마지막도 좋게 설하신 법에 의지하여 불방일한 삶을 실천하고 살아간다면 누구나 보리를 이룰 수 있다.

보리를 이루는 것을 출가자들만의 전유물로 착각하면 안 된다.

우리 모두는 보리를 이룰 수 있는 보리의 종자를 간직하고 태어났다.

조금 빠르고 늦음의 차이는 있겠으나 우리는 모두 다 보리를 이룰 수 있다고 하셨다.

수행자들이여! 보리를 이루었다고 자만하고 교만하지 마라.

부처님의 살아오신 참 마음의 삶을 정확히 이해한다면 방일함은 윤회로 가는 지름길임을 명심하고 명심하여야 한다.

부처님은 보리를 이루시고 한순간도 방일하지 않고 마지막 순간까지 불방일한 삶을 사시다 수행자들에게 "불방일하고 정진하라"고 마지막 유훈을 남기셨다.

지금의 우리 수행자와 재가자들은 오로지 불방일한 마음 알아차림으로 팔정도를 실천하는 삶을 살아가는 것이 부처님을 기쁘게 하는 제자의 도리이다.

우리 모두 불방일한 삶을 살아가는 진정한 불교인이 됩시다.

솔개의 새로 태어남

새 중에서 가장 오래 사는 새는 솔개라고 한다.

솔개의 삶을 마음 알아차림하며 사유한다면 인간이 새로 태어나야만 인간형성의 완성을 할 수 있다고 생각한다.

솔개는 칠십 년을 살 수가 있다고 하는데 40년이 되면 위대하고 숭고한 선택을 해야만 할 때란다. 그때가 되면 노쇠하여 젊었을 때처럼 사냥하기가 쉽지 않고, 발톱은 노화되고 부리도 너무 길고 깃털도 너무 자라 비행에 아주 부적합한 상태가 된다고 한다. 그대로 운명을 받아들이고 있다가 생을 마감하던가 아니면 새로 태어남의 세계를 만들어가든가 하는 중대하고도 위대한 선택을 하여 실행에 옮긴다고 한다.

그렇게 솔개가 다시 태어나 살아가면 삼십 년은 더 살 수 있다고 하여 칠십 년을 산다고 한다. 생에 집착하는 그 누구인들 그 고통을 감내하려고 하지 않을 수 있을까? 하지만 더 살기 위해서 즉 다시 태어나 살아가려면 아무도 없는 높은 산꼭대기로 올라가 둥지를 틀고 그 엄청난 고통 속에서 과거의 모든 것들의 뿌리를 뽑아버리는수행으로 부리는 바위를 쪼아 깨지고 빠지게 만들어 새 부리가 나오도록 하고 새 부리가 나오면 그 부리로 다시 자기 발톱을 모두 뽑아내고 날개의 깃털도 하나하나 뽑아내어 새로운 깃털이 나오도록 하는 것이란다.

그렇게 불방일하면서 인내와 정진을 거듭하며 새롭게 태어나서 다시 고행으로 반년의 시간을 보내면 다시 태어난 환희의 순간을 맞이하게 된단다. 그리하여 유유자적하게 자유로운 새가 되어 드넓은 창공을 아무것에도 걸림 없이 칠십 세가 될 때까지 살아갈 수 있다고 한다. 이 솔개의 다시 태어남의 인내와 정진하면서 불방일하는 마음 알아차림 모습을 통해 성스러운 솔개처럼 거듭 태어날 수 있길 기원한다.

솔개는 자신의 부리를 쪼아 깨지고 빠지게 했을 때 무엇을 먹을 수 있었을까? 하지만 솔개는 그 배고픔을 참아가며 견뎌낸 한 치도 방일하지 않고 오로지 새로 태어남(涅槃)을 위해 모든 것을 바치며 과거의

솔개의 비행

모든 것(貪·瞋·癡)들을 뿌리 뽑아 버림(放下着)으로 새로운(해탈된 삶) 솔개(阿羅漢)로 태어나게 되었던 것이다.

아무도 없는 높은 산꼭대기에 올라가 둥지를 틀고 선정수행, 사마타수행 그 속에서 수행자의 마음 챙김으로 엄청난 고통(번뇌 망상의 일어남) 과거의 모든 것들을 뿌리째(갈애와 욕탐) 잡아(마음 챙김, 불방일) 뽑아버린다.(팔정도실천)

부리는(신·구·의, 삼업) 바위를 쪼아 (계·정·혜, 삼학) 깨지고 빠지게 만들어(신·구·의, 삼불 선업을 계향, 정향, 혜향의 향기로 정화시켜) 새 부리(신·구·의, 삼업이 오분법신의 향기로 새로 태어남)가 나오도록 (정진)하는 것이다.

또한 새 부리로는 자기 발톱(수행자는 자신의 모든 수족 즉 모든 인연을)을 모두 뽑아내고 (끊어버린다) 나서 날개의 깃털도(불선업의 행동거지, 행주좌와 어묵동정) 하나하나(갈애와 욕망을 마음 챙김) 뽑아내어(불방일한 마음 챙김 수행으로 갈애와 욕망) 새로운 깃털이(중도와 자비심)나오도록(팔정도 수행실천) 하는 것이다.

그렇게 반년의 시간(수행자의 보리를 이룬 뒤, 설법의 체계를 갖추는 시간)을 보내고 나면 다시 태어나서 보리를 이룬 뒤 이제 중생들을 위해 살아가는 그야말로 성스러운 보살이 탄생되는 것이다.

내가 솔개의 삶을 수행자의 수행과정과 연관시켜서 마음 알아차림을 해보았다. 수행자들은 자만하지 말고 겸허하게 과거의 자신을 즉 갈애와 집착하는 삶을 버릴 때, 진정 새로운 사람으로 날마다 새롭게 태어날 수 있을 것이다. 솔개처럼.

솔개도 새로 태어나기 위해서 과거에 자신을 먹여 살렸던 모든 것을 쪼아서 도려내어야만 했다. 그리하여 새로운 솔개로 다시 태어나 행복한 삶을 영위할 수 있다. 40년을 활발하게 살아 낸 솔개가 노쇠해져서 더 이상 자신을 새로 태어날 필요를 느끼지 못했을 때, 운명을 스스로 받아들이고 더 이상의 노력을 하지 않고 그대로 죽어간다는 것이다.

수행자들은 솔개의 상황이 닥친다면 어느 쪽을 선택할까?

지금의 갈애와 탐욕, 쾌락의 생활에 만족하여 잘 먹고 살다가 늙어 죽으면 그만이라고 생각한 사람이 있다면 수행이나 불방일이 필요 없을 것이다. 하지만 새롭게 태어나고 싶은 사람은 솔개가 다시 태어난 것처럼 탐 진 치 삼독을 여의는 고통스런 수행을 해야 한다. 새로 태어난 솔개처럼 엄청난 인내와 자신의 모든 것을 걸고 자아라는 뿌리를 뽑아내어야 새롭게 태어나는 행복을 얻을 수 있을 것이다.

부처님이 불방일 하던 수행생활을 마음으로 알아차림 해본다. 육년의 고행림에서 고행하시던 모습이 떠오른다. 고행을 꼭 해야만 깨달음을 얻을 수 있다는 말은 아니다. 부처님은 고행을 통해 보리를 이루신 것이 아니라 탐 진 치의 삼독을 여의고 열반을 이루셨다.

부처님이 보리를 이루시고 이 숭고하고 성스러운 연기법을 누가 감히 알 수 있으리오!

바라나시 이시파타나 미가다아에서 다섯 명의 수행자에게 최초로 설법을 하려고 했으나 다섯 수행자는 들어주는 것조차도 하지 않았다. 그러나 부처님은 이렇게 말씀했다.

"수행자들이여, 그대들은 일찍이 나의 얼굴 모습이 이토록 빛나고 있는 것을 본 적이 있었는가?"그때서야 다섯 수행자는 부처님의 설법을 듣게 되었다.

부처님은 이어서 최초의 설법을 하셨다.

"비구들이여, 출가한 수행자는 두 가지의 극단에 치우쳐서는 안 된다. 갈애에 집착하는 것은 하열(下劣)하고 비천한 범부가 하는 짓이며 성스러운 것이 아니고 쓸모없는 일이다. 또한 고행을 일삼는 것도 다만 괴로울 뿐이며 성스러운 일이 아니고 아무 쓸모없는 짓이다."라고 말씀하셨다.

우리 수행자들은 부처님의 참 마음인 연기법을 잘 이해하고 사성제를 공부하고 팔정도를 실천하며 살아가는 성스러운 불자로 다시 태어나야만 한다.

수행자들이 새로 태어나길 서원하고 매사에 불방일하며 마음 챙

김으로 선업의 삶을 살아가야 한다. 솔개의 삶에서도 숭고하고 성스
러운 인간의 삶을 이해할 수 있는 혜안을 얻으시길 마음으로 알아차
림하여야 한다.

청정 수행자 세웅 선사

태원당 세웅 선사께서 "시주의 은혜가 수미산보다 무거우니 부지런히 정진하라"는 유훈을 남기고 입적하셨다.

선사님의 수행생활이 일반인에게 잘 알려지지 않은 선승인 세웅 스님은 갑장사 주지 소임이 유일한 이력으로 남아 있다.

1968년부터 2000년 3월까지 지낸 갑장사 주지 소임을 32년이나 맡은 것도 절에 스님이라곤 세웅스님 밖에 없었기 때문에 종무행정상 어쩔 수 없었던 것이었다.

2000년 초 상좌에게 주지자리를 맡겼지만 자신에게는 조실이나 회주 등의 자리도 허락하지 않았다.

조실로 앉게 되는 순간 모든 공부가 끝난다고 마음 챙김 하셨기 때문이다. 심지어 상주사암연합회 고문 자리도 허락하지 않을 정도로 청정하셨다.

평생 동안 갑장사를 떠난 적이 단 한 번도 없었던 스님은 "사람 없는 조용한 곳에서 공부해야 한다." 며 오후불식하며 대웅전 인근 조그마한 토굴에서 입적 직전까지 수행정진 하셨다. 고 한다.

세웅선사님께 이 지면을 통해 최상의 존경의 마음으로 삼배의 예를 올립니다. 진정한 수행자의 모습을 우리에게 깨우쳐주신 은혜 잊지 않겠습니다.

나모 땃사 바가와또 아라하또 쌈마 쌈붇닷싸

세웅 선사처럼 청정하고 존경스러운 수행자가 우리나라의 불교에 살아 있었기에 그나마 한국불교가 명맥을 유지하지 않나 싶다.

온갖 명예도 마다하고 오로지 오후 불식하면서 유훈도 시주물의 은혜가 수미산보다 무거우니 수행 정진하라 하신 말씀이 부처님이 반열반을 하실 때 "압빠마데나 쌈빠데타," 즉 "불방일하고 정진하라" 하신 말씀과 같아 온 몸에 전율이 흐릅니다. 감사하고 또 감사할 뿐입니다.

한자리에서 평생토록 떠나지 않으시고 올곧이 오후 불식하며 수행정진하신 스님을 누가 소승이라고 한다면 억만 겁의 지옥에나 떨어질 놈이 되겠지요. 대승에 말하는 상구보리 하화중생 자리이타 행을 하지 않아서 이렇게 성문이니 소승이니 하고 알음알이 내시는 분들이 많겠지요.

스님은 이미 보리를 이루었으니 좋은 데 가시라는 말은 하지 않겠습니다. 닮고 싶습니다. 세웅 대선사님!

소승이니 대승이니 이런 말장난이 중요한 것이 아니라 진정 승가는 수행을 하지 않고서 알음알이를 내는 스님들이 없어야 한다.

청정함이 무엇인지, 수행이 무엇인지, 중생과 함께 살아감이 무엇인지를 바로 알아서 중생들을 교화할 수 있는 능력을 키우는 정진이야말로 수행자의 도리일 것이다. 불교는 탐·진·치(貪瞋癡) 삼독을 여의는 계·정·혜 삼학(戒定慧 三學)을 즉 팔정도의 수행과 실천이 가장 기본적인 것임을 잊지 말고 팔정도를 의지처로 삼아야 할 것이다. 팔정도 속에 수행과 중생을 위한 모든 것이 들어 있다.

불교는 어려운 것이 아니라 가장 쉬운 것이다.

불교는 인간의 가장 위대한 휴머니즘인 것으로 가장 인간적이고 이웃들과 더불어 살아가는 것이 부처님의 가르침이라고 자신있게 말할 수 있다. 부처님이 우리에게 진정으로 전하고자 했던 팔정도의 실천법은 바로 일상생활 속에서 절제와 건전한 삶을 살아가는 것이 불법인 것이라고 누누이 강조하셨다.

불방일하고 정진하라

수행과 서원의 시간들이 하염없이 지나가고 있다. 서원을 세워 그 목표를 향해 살아가는 그 과정이 참으로 수행의 길인 것이다.

이루면 거기에서 또 가야 할 길이 기다리고 있고, 이루면 또 다른 숙제가 기다리고 있다. 우리가 부처를 이룰 때까지 수많은 고난과 수행을 거듭해야 할 것이다. 수행자의 길에서 팔정도의 나침반을 가지고 수행자로 걸어가야 한다. 가도 가도 끝이 없는 길 같지만 인내와 불법을 믿고 가다보면 해탈이라는 열린 문이 기다리고 있다. 해탈문을 통과해야만 갈 길이 없는 열반에 도달하게 된다.

오로지 하나 불방일하는 마음 알아차림이 재산이다.

무소의 뿔처럼 혼자서 가라!

혼자가다 뜻이 맞는 사띠마와 선우님을 만나거든 사띠수행 공동체를 만들어 법을 전하라! 그것이 수행자가 가야 할 길이다.

불방일하고 마음 알아차림 하면 기다려라!

재촉하고 한숨 쉬지 말라!

자! 호흡에 마음 알아차림하고 불방일하라!

서둘러 사띠수행 공동체를 만들어 법을 전하고자 하지만 그것 또한 나의 욕심이 되어버리면 고요함이 무너지리라!

좋은 것을 이 보다 더 좋은 것을 전하고 싶은 마음은 충분히 이해하지만 세상살이의 중생들의 살림살이는 그렇게 쉽게 자신의 살림살이를 드러내 보이지 않는다. 자신의 마음처럼 중생들의 마음을 생각하지마라!

중생들의 살림살이는 탐·진·치에 복잡하게 얽히고 설키어 있는데 그것들을 잘 정리정돈 해 주어야 하며 번뇌(煩惱) 망상(妄想)에 압도되어 그 번뇌 망상이 중생들의 집이 되었으니 어찌 중생들이 그 집을 쉽게 버릴 수 있으리오! 참고 불방일하며 마음 알아차림으로 명상하라!

내가 할 수 있는 일은 수행을 잘 하는 것이다.

수행자로 수행자의 길에서 수행자로 걸어가다가 수행자로 그 길 위에서 죽어라! 죽는 날까지 수행자로 불방일하고 정진하라!

그것이 부처님의 마지막 유언의 말씀이셨다.

"압빠마데나 쌈빠데타" 기억하고 마음 알아차림하고 불방일하라!

불방일하고 정진하라!

그대가 할 줄 아는 것은 이것뿐이다!

부처님께 서원합니다.

부처님의 참 법이 전해져 모든 중생이 행복하고 평화롭기를…….

나모 땃사 바가와또 아라하또 쌈마 쌈붇닷싸

붇당 사라낭 갓차미

담망 사라낭 갓차미

상강 사라낭 갓차미

싸두 싸두 싸두

최고의 수행자 사리풋타 존자

부처님의 상수제자 중 두 분은 사리풋타 존자와 목련 존자이다.

그 중에서도 부처님 다음으로 설법을 잘하시고 명상수행을 잘하신 분은 사리풋타 존자이다. 존자가 열반에 들기 전에 어머님을 예류과(처음으로 성자의 계열에 들어섬)에라도 들게 하시려는 생생한 현장의 모습을 마음 챙김 하는 시간으로 선우님들과 함께 진정한 수행자의 모습을 잠깐이나마 뵐 수 있는 영광을 함께 하고자 한다.

사리풋타 존자는 선정에 들어 사유하여 보니 자신이 열반(죽음)에 들 날이 이레 밖에는 남지 않음을 알아차림 하시고 이렇게 생각하였다. '어디서 열반을 맞이할 것인가? 생각하시다, 어머님이 마음에 걸리어 이렇게 마음을 내어 본다.

모든 형제나 친척들도 출가시켜 여법한 수행자가 되었는데 어머님께서는 아직도 바라문교로 살아가시고 계시니 이것은 자식으로써 도리가 아니다. 아! 어머님도 예류과는 증득할 근기이니 어머님도 제도하고 나도 태어난 방에서 열반에 들어야겠구나!'

사리풋타 존자는 부처님께 고합니다.

세상의 주인이시여! 위대한 대각 세존이시여!

이 사리풋타는 곧 이 삶에서 풀려납니다.

다시는 오고감이 없으리니 세존을 우러르는 것도 이것이 마지막입니다.

제게 시간이 얼마 남지 않았습니다.

이레만 지나면 짐 다 벗고 이 몸을 누이게 될 것입니다.

스승이시여! 들어주소서! 세존이시여 허락하소서!

마침내 이 사리풋타가 열반할 때가 되었나이다.

이제 저는 삶의 의지를 놓았습니다.

그러자 부처님께서 이렇게 말씀하셨다.

"사리풋타여, 시의적절하다고 생각되는 바를 행하라.

하지만 상가의 형제들은 그대 같은 수행자(비구)를 만날 기회가 다시는 없을 것이다. 그러므로 그들에게 마지막으로 법을 설하여 주어라.”

이에 사리풋타는 자신의 놀라운 법력을 다 드러내는 설법을 하였다.

불법의 가장 높은 경지로 올라갔다가 세간적 진리의 경지로 내려오고, 다시 오르기도 하고 또 내려오며 온갖 비유를 구사하여 법을 설하였다.

설법을 마치고 사리풋타 존자는 부처님 앞에 엎드려 경배하였다.

부처님의 다리를 부여 안고 사리풋타는 이렇게 말하였다.

“저는 부처님 앞에 경배할 수 있기까지 무량겁에 걸쳐 십바라밀을 구족하게 닦아 왔습니다.

저의 간절한 서원은 이루어졌습니다.

앞으로도 더 이상 만날 일도 스칠 일도 없을 것입니다.

이제 그 두텁던 인연도 다하였습니다.

저는 곧 늙음도 죽음도 없이 평화롭고 복되고 번뇌 없이 안온한 곳 수 만 부처님께서 들어가셨던 그 곳 열반으로 들어갑니다.

이 사리풋타의 말이나 행동이 부처님을 기쁘게 해드리지 못한 점이 있다면 부처님이시여 용서하소서!”

이제 가야 할 시간입니다.

사리풋타 존자님의 고향으로 가는 일주일의 여정동안 하룻밤을 묵을 때마다 많은 사람들이 자신을 마지막으로 볼 수 있도록 하였다.

드디어 고향인 날라까 마을에 도착한 존자는 마을 어귀에 있는 뱅골 보리수나무 근처에 멈추었다.

그때 존자의 조카인 우빠레와따가가 마을 밖으로 나갔다가 그곳에서 존자님을 보았다.

우빠레와따가는 존자께 예를 올리고 그대로 서 있었다.

존자가 우빠레와따가에게 물었다 "할머니께서는 집에 계시는가?"

"네 계십니다. 존자님."

"그러면 우리가 왔다고 알려드리게, 그리고 만일 할머니께서 우리가 어찌 왔느냐고 물으시거든 이 마을에 하루 묵을 테니 내가 태어난 방을 쓸 수 있도록 해주시고 오백비구들이 머물 수 있는 처소도 마련해 주십사고 전해주시게." 존자님께서는 비구들과 함께 생가의 안뜰을 지나 자신이 태어난 방으로 들어가셨다.

자리를 잡고 앉은 후, 비구들에게 그들의 처소로 가도록 안배하셨다.

비구들이 물러간 후 존자님께서는 심한 설사병이 엄습해서 큰 고통을 느꼈다.

양동이가 번갈아 몇 차례 들어오고 나가고 했다.

시간이 조금 지나 사리풋타의 어머니인 브라만여인이 들어오셨다.

그때 존자는 어머님께 부처님의 출가의 행적과 부처님의 덕성과 불법의 위대한 지혜를 정성을 다하여 마지막 설법을 하였다.

지성이면 감천이라고 사랑하는 아들이 들려주는 법문이 끝나자 그녀는 예류과에 확고히 들었다. 그리고 이렇게 말했다.

"아! 사랑하는 우따시여! 왜 이제야 말해주는 것인가요?

불사의 감로 지혜를 왜 그토록 오랜 세월동안 내게 말해주지 않았던가요?

그리고 이 사리풋타는 어머니 누빠사리에게 자신을 키워준 보답을 하였다. 이제 된 것 같고 해서 우바이여 이제 물러가시오"라는 말로 어머니를 돌려보냈다.

어머니가 물러간 후 "쭌다야, 지금 시간이 얼마나 되었느냐?"하고 물었다.

"존자님 이른 새벽입니다."

"비구들을 모두 모이도록 하거라."

비구들이 모이자 존자는 쭌다에게 말했다.

"쭌다여! 나를 일으켜 앉혀다오." 그러자 존자는 비구들에게 말했다.

"형제들이여! 이 사리풋타는 44년 동안 여러분과 함께 지냈고, 행각도 함께 하였소. 이제까지 이 사리풋타가 말이나 행동으로 여러분을 불쾌하게 한 적이 있다면 용서하시오."

비구들이 대답했다.

"존자님 비록 저희들이 존자님의 뒤를 그림자처럼 따랐지만 존자님께서 저희들을 불쾌하게 하신 적은 단 한 번도 없었습니다. 존자님 도리어 비구들이 잘못을 했다면 너그럽게 용서해 주십시오."

그리고 나서 존자는 넓은 가사로 몸을 감싸고 얼굴도 덮고 나서 오른쪽을 아래로 하고 누웠다.

그리고는 부처님께서 무여열반에 드실 때 할 방식으로 선정에 들었다.

즉 순차적으로 아홉 단계의 선정에 들었다가 다음에는 역순으로 아홉 단계의 선정에 들었다.

그 후에 다시 초선에서 순차적으로 제4선에 이르렀을 때 바로 그때 지평선 너머로 떠오르는 태양의 윗머리가 나타났고 그 순간 사리풋타 존자는 무여열반에 완전히 들었다.

그 날이 깟띠까달의 보름날이었다.

사리풋타 존자께서 부처님을 대신해서 수많은 제자들을 지도하고 가르치며 마지막으로 어머님에게 연기법과 팔정도 그리고 사성제를 설해서 예류과에 드시게 하는 효도를 다 하고 가시었다.

얼마나 아름다운 이야기입니까?

진정불교는 가족과 이웃 그리고 친구들을 위해 존재하고 더불어
잘 살아갈 수 있는 팔정도의 실천법인 것입니다.

자등명 법등명의 정확한 이해

우리는 보통 '자등명 법등명'이 부처님의 마지막 말씀이었다고 듣고 알고 그렇게 생각하고 살아왔다. 그리고 그 의미가 무엇을 의미하는지 조차 모르고 그냥 그렇게 자등명 법등명 이렇게 생각했었다.

부처님의 명확한 참 마음을 잘 이해하고 거기에 따라 실천 수행을 잘하는 것이 가장 중요한 것이다.

부처님은 《순다경》과 《포살경》에서 우리가 알고 있는 자등명 법등명에 대한 설법을 하신다.

《순다경》에서 상수제자인 사리풋타 존자의 반 열반을 맞이하면서 아난이 괴로워하자, 부처님이 말씀하신다.

"아난아! 너는 근심하거나 괴로워하지 말라. 왜냐하면, 앉거나 일어나거나 혹은 생성하는 일들은 무너지고 마는 법이니 어떻게 무너지지 않을 수 있겠느냐?

아무리 무너지지 않게 하려 한들 그것은 있을 수 없는 일이니라.

내가 전에 이미 말한 것처럼, 사랑스러운 모든 사물과 마음에 드는 것 등 일체의 것들은 다 어긋나고 이별하게 되는 법으로서 늘 존재할 수는 없는 것이니라.

비유하면 큰 나무의 뿌리 · 줄기 · 가지 · 잎 · 꽃 · 열매가 무성한 데서 큰 가지가 먼저 부러지는 것처럼, 큰 보배 산에서 큰 바위가 먼저 무너지는 것처럼, 여래의 대중권속에서 저 대성문(大聲門)이 먼저 반 열반(般涅槃)한 것이니라.

만일 그곳이 사리풋타가 머물고 있던 곳이면, 그곳에서 내가 해야 할 일은 없었다. 그처럼 그곳에서 나는 공허하지 않았으니, 그건 사리풋타가 있었기 때문이었고 내가 이미 그에게 말했기 때문이다. 아난아, 내가 말했듯이 사랑스럽고 갖가지 마음에 드는 것들은 다 이별하기 마련인 법이니, 너는 이제 너무 근심하거나 괴로워하지 말라.

아난아, 마땅히 알아야 한다. 여래 또한 오래지 않아 가버리고 말 것이므로 아난아, 마땅히 자기(自)를 섬으로 삼아 자기를 의지하고, 법(法)을 섬으로 삼아 법을 의지하며, 다른 것을 섬으로 삼지 말고 다른 것을 의지하지 말라.”

아난이 부처님께 여쭈었다.

“세존이시여, 어떤 것이 자기를 섬으로 삼아 자기를 의지하는 것입니까?

어떤 것이 법을 섬으로 삼아 법을 의지하는 것입니까?

어떤 것이 다른 것을 섬으로 삼지 않고 다른 것에 의지하지 않는 것입니까?”

부처님께서 아난에게 말씀하셨다.

“비구라면 몸을 몸 그대로 관찰하는 염처에서 방편으로 꾸준히 힘써 바른 지혜와 바른 기억으로 세간의 탐욕과 근심을 항복 받아야 한다.

이와 같이 바깥의 몸과 안팎의 몸, 느낌, 마음도 마찬가지며, 법을 법 그대로 관찰하는 염처에 있어서도 또한 이와 같다고 말하리라. 아난아, 이것을 자기를 섬으로 삼아 자기를 의지하고, 법을 섬으로 삼아 법에 의지하며, 다른 것을 섬으로 삼지 말고 다른 것을 섬으로 삼아 의지하지 말라고 한 것이니라."

부처님께서 이 경을 말씀하시자, 모든 비구들은 부처님 말씀을 듣고 기뻐하며 받들어 행하였다.

부처님은 아난에게 사리풋타 반열반도 무상·고·무아로 이해해야함을 먼저 말씀하셨다.

"마땅히 자기(自)를 섬으로 삼아 자기를 의지하고, 법(法)을 섬으로 삼아 법을 의지하며, 다른 것을 섬으로 삼지 말고 다른 것을 의지하지 말라."고 하셨다. 부처님이 말씀하신 법문은 자등명 법등명이라는 것이 아님을 확실하게 이해하는 것이 좋을 것이고 등불과 섬이라는 표현은 의미가 확연히 다르기 때문이다. 섬이란 사바세계의 갈애의 바다에 휩쓸리지 않고 안전하게 피할 수 있는 섬을 말하는 것이다. 쉽게 이야기하면 세상에 물들지 않는 청정한 곳, 즉 청정한 마음을 이야기를 하고 계신다.

섬이란 이 사바세계에서 가장 안전한 곳이며, 부처님은 항상 저 닙바나 섬으로 가자고 하셨다. 섬이란 곧 해탈열반을 비유로써 표현하신 것이다.

등불에 대해서는 명우님들이 더 잘 아시리라. 알아차림 하여 보면 마땅히 "자기(自)를 섬으로 삼아 자기를 의지하고, 법(法)을 섬으로 삼아 법을 의지하며, 다른 것을 섬으로 삼지 말고 다른 것을 의지하지 말라." 하시고 나서 사념처 수행을 말씀하신 것이다.

그러면 아난의 질문에 대답하시는 부처님의 말씀을 통해 사념처 수행법의 중요성을 다시 한번 확인하여 보자.

아난이 여쭈었다. "세존이시여, 어떤 것이 자기를 섬으로 삼아 자기를 의지하는 것입니까?

어떤 것이 법을 섬으로 삼아 법을 의지하는 것입니까?

어떤 것이 다른 것을 섬으로 삼지 않고 다른 것에 의지하지 않는 것입니까?"

부처님께서 말씀하셨다.

"비구라면 몸을 몸 그대로 관찰하는 념처에서 방편으로 꾸준히 힘써, 바른 지혜와 바른 기억으로 세간의 탐욕과 근심을 항복 받아야 한다.

이와 같이 바깥의 몸과 안팎의 몸, 느낌, 마음도 마찬가지며, 법을 법 그대로 관찰하는 염처에 있어서도 또한 이와 같다고 말하리라. 아난아, 이것을 자기를 섬으로 삼아 자기를 의지하고, 법을 섬으로 삼아 법을 의지하며, 다른 것을 섬으로 삼지 말고 다른 것을 섬으로 삼아 의지하지 말라고 한 것이니라. 수행자라면 몸을 몸 그대로 관찰하는 사념처에서 방편으로 꾸준히 힘써, 바른 지혜와 바른 알아차림으로 세간의 탐욕과 번뇌 망상을 항복 받아야 된다고 부처님은 아난에게 강조하고 있다. 그리고 몸과 안팎의 몸, 느낌, 마음도 마찬가지며, 법을 법 그대로 관찰하는 사념처에 있어서도 또한 이와 같다고 말하리라.”

사념처 수행의 중요성을 사리풋타 존자님의 반열반을 안타까워하시며 생생한 무상·고·무아를 바탕으로 사념처 수행법을 섬으로 삼아 의지하며 수행하는 삶을 살아가라고 하는 것이다.

이 얼마나 중요한 법문이 입니까?

우리가 어디에 의지하여 수행을 해야 하는지 분명하게 말씀하셨다.

부처님은 사념처 수행법을 섬으로 삼아 자기를 의지하라고 아난에게 말씀하셨다.

아난아! 이것을 자기를 섬으로 삼아 자기를 의지하고, 법을 섬으로 삼아 법을 의지하며, 다른 것을 섬으로 삼지 말고 다른 것을 섬으로 삼아 의지하지 말라고 한 것이다.

여기서 자기라는 말에 오해를 해서 부처님이 자아를 의지하라고 하셨다고 이해하시는 선우님이 없기를 바라며 부처님이 말씀하신 자

기란 내가 아닌 것을 말하고 또한 무상·고·무아의 오취온을 말하는
것이다.

불교공부란, 한번 길을 잘못 들어가면 무수한 숲에 가려 그 정상을
밟아보지도 못하고 "불교는 너무 어렵다" 하고 좌절하고 포기하고 말
고. 죽을 때까지 하는 것이다.

부처님은 우리에게 "와서 보라, 비밀이 없다, 다 알려주었다" 이렇
게 선언하셨고, 우리에게 그 길을 안내하신 분이시고 길을 알려주었
지만 제자들이 그 길을 왜곡, 변질시켜 놓았으니 후세사람늘은 무엇
이 참 부처님의 마음인 줄 알 까닭이 없는 상태에 놓였다. 그래서 선지
식이라고 하는 수행자들이 가르쳐 준 길을 무작정 따르다 보니 헤매
고 돌아 지금 헷갈리고 있는 것이다.

부처님 법은 신비주의도 아니고 비밀이 있어 몰래 자신이 아끼는
제자에게 살짝 법을 전하는 그런 법이 아니라 사념처 수행을 통해 보
리를 이루시고 45년 동안 맨발로 걸식하면서 법을 하나도 남김없이
설하시고 길에서 반열반에 드신 위대한 인간으로 모든 것을 보여주신
분이셨다.

부처님은 법에 대해 제자들이 궁금해 하는 것은 명쾌하고 분명하
게 진실을 정확하게 모두 다 말씀해 놓으셨으니 그 법을 따라 믿고 수

행하는 것이 가장 중요한 수행이 되는 것이다.

부처님이 말씀하신 법에 따라 실천하고 수행하고, 그리고 무엇보다도 법을 믿고 따르기 위해서는 정견이 가장 필요한 시대인 것이다.

우리는 지금 이 시대에 부처님 경전을 자유롭게 볼 수 있는 열린 정보화 시대에 살아가고 있다. 이 좋은 시기에 참다운 법을 공부하여 모두 다 보리 이루시기를 알아차림 하여 본다.

수행자는 방하착하라

열심히 수행하는 한 수행자에게 다른 수행자가 책 한 권을 선물하였다. 그 책에 의지하여 수행을 했는데, 어느 날 쥐가 그 책을 갉아 먹었다. 책을 보호하기 위해 고양이를 키우고, 다시 그 고양이에게 줄 젖을 위해 젖소를 키우고, 젖소를 위해 외양간을 짓고, 다시 그것들을 관리하기 위해 여자를 들였다.

어느 날 수행자가 곰곰이 생각해 보니 본인은 수행하는 것으로 만족하였는데, 뒤돌아보니 어느새 많은 것들이 모이고 쌓여 있었다.

수행을 하면서 탐 · 진 · 치를 방하착 하려고 하지만 물건들이 하나 둘 늘어나는 것을 보면서 수행에 방해가 되는 것을 느꼈다.

자신도 모르는 사이에 많은 것들이 필요해져서 살다가 문득 '아! 이것이 아닌데' 하고 그때야 알아차린다.

수많은 인연들에 얽매이면서 많은 할 일이 생기다 보니 필요한 것들이 불어날 수밖에 없는 것이 사실이지만 우리는 일상생활에서 너무 편리함에 탐착하다 보면 많은 것이 쌓이게 된다.

수행하면서 마음의 무거운 짐을 벗어야 하는데 세간의 짐들을 더 많이 지다 보니 끙끙대고 힘들어하면서도 내려놓지 못하고 가지고 살아간다.

그것이 우리 중생의 삶이라고 생각하면서 웃어 넘어갈 일은 아니다.

마음의 짐과 세간의 짐이 무거울 때 우리는 마음 알아차림 하여 그 짐을 내려놓는 실천을 해야 한다.

그것이 바로 팔정도를 실천하는 것이다.

내가 최고라는 아만심(我慢心)에 가득 찬 분별 망상심을 방하착하고, 소욕지족(少欲知足)을 불방일하면서 선법을 알아차림하며 일으켜 세우고, 정진하는 삶이 바로 청정한 수행자의 모습이며, 수행에 방해가 되는 것은 모두 내려놓는 연습이 필요한 것이다.

지금 이 순간 자신의 살림살이가 무거운가. 가벼운가를 마음 알아차림 하여 비울 것은 비워줌으로써 살아갈 삶의 짐의 무게가 훨씬 가벼움을 느낄 수 있도록 끊임없는 수행을 해야 한다.

욕망에 의해 너무 무거워진 마음의 짐을 내려놓고 가볍고 시원하
게 살아가시길 축원합니다.

청정함으로 사시는 분

참으로 시원하고 맑은 소식을 접하게 되었다

전 국방장관 김태영 사띠마님이 "세상에 이런 일이"라고 사람들이 말하고 있다. 참으로 이 혼탁한 세상에서 청량한 감로수 한 모금을 먹은 것 같은 환희심이 난다.

불교신문 죽비와 목탁 란에 "김태영 국방장관이 준 감동"이란 타이틀로 글이 올라와 있다.

그럼 김태영 사띠마님의 청정함을 알아차림하여 보자.

김태영 국방장관은 최근 인사 청문회에서 국무총리 및 다른 장관

후보자들과는 달리 도덕성과 관련해 '무결점'으로 인정받았다.

김 장관은 사회에서도 흔한 위장 전입이 단 한 건도 없었고 아들은 육군 병장 만기 제대한 것으로 밝혀졌다.

야당의원들이 김 장관의 도덕적 결함을 찾기 위해 조사하던 중 '과속운전 고지서'만을 찾아내는데 그쳐 '도덕적 결함 찾기'를 아예 포기했다는 후문이다.

더욱이 군의 주요 요직을 거치며 합참의장까지 역임한 그가 살고 있는 집이 20평형대 아파트인 것은 세간의 화제꺼리까지 되었다.

김 장관의 취임은 김 장관이 독실한 불자라는 측면을 떠나 사회에 시사하는 바가 크다.

참으로 안타까운 현실 속에서 참회하고 반성하며 부처님의 참마음과 부처님이 그렇게 보리를 이루시고 맨발로 걸식하시며 45년을 길에서 설법하시고 마지막 반열반 순간까지 정념, 즉 마음 알아차림을 불방일하시고, 불 선법은 방하착으로 청정하게 살다 가시었는데….

과연 이 시대의 출가자들과 수행자들은 이 좋은 환경에서 매너리즘에 함몰되어 탐·진·치 삼독에 물이 들어 어찌할 줄 모르는 속세 사람들보다 더 추한 모습과 탐욕 그리고 권력에 물들어 있지 않은가?

참회하고 반성을 해야 하지 않을까요?

김 장관이 불자라는 것이 정말로 감사하고 고맙고 기쁘기 한량이 없다.

출가 수행자들도 보여주기 힘든 '청렴결백'한 삶을 실천해서 한 점 부끄럼 없이 살아오신 김 장관에게 감사의 마음을 전하고 싶다.

'당신이 진정한 청정한 계율과 삶을 실천행 하신 거룩한 사띠마님이십니다.'

부처님의 참법은 어디서나 찾을 수 있다.

어린아이에게도 배우고 나쁜 사람에게서도 배우는 것이고 나쁜 행동을 하는 것을 보고 나는 저렇게 나쁜 행동을 하지 말아야지 하고 배우는 것이 진정 불교를 이해하는데 좋은 것 같다. 그리고 부처님이 말한 선우에게서 배운다고 했다.

아난존자가 "선우가 수행에서 절반을 차지합니까." 하고 묻습니다.

부처님이 "아난아, 그렇게 말하지 말라. 선우는 수행의 전부이니라."라고 말씀하셨다.

참으로 참된 선우와 함께 수행하면서 살아갈 수 있다면 그 사람은 복 많은 수행자라고 할 수 있다.

우리도 김태영 장관처럼 참된 선우의 소식을 듣고 참된 수행자를 가까이하고, 진정으로 참된 수행을 실천해보자.

그것이 진정한 수행자의 본분사가 아닐까 생각한다.

무아를 실천하는 윌렘스

1569년 네덜란드의 어느 추운 겨울날이었다. 종교적 박해를 받던 윌렘스는 어느 날 감옥을 탈출했다. 그러자 박해자들이 그를 쫓았다. 윌렘스는 강을 건너가고 있었다. 다른 박해자들은 아직 강둑에 도착하지 않았는데 한 박해자가 그를 바짝 뒤쫓고 있었다. 강엔 얼음이 얇게 얼어 있었다. 그가 강을 건넌 뒤 얼음이 깨져 그를 뒤쫓던 박해자가 물에 빠졌다. 박해자는 수영을 하지 못했다. 죽을 위기에 처하자 그는 자신이 쫓던 윌렘스를 향해 소리쳤다. "살려주시오"라고. 윌렘스는 그 소리를 듣고는 물속에서 허우적대는 박해자에게 달려갔다. 윌렘스가 박해자를 구하자, 강둑에서 다른 박해자들이 그를 체포하라고 소리쳤다. 결국 윌렘스는 체포돼 얼마 뒤 산 채로 불태워졌다.

진정한 살신성인의 모습과 실천 행을 윌렘스를 통해 알아차림 하게 된다.

종교인으로써의 자비와 사랑의 마음을 이렇게 실천하고 살다 가신 분들의 자비심은 진정 '무아'를 체득한 아라한만이 할 수 있는 행이다.

이 시대에 이름만 무성하고 실천이 없어 아름다운 꽃향기가 나지 않고 있는 요즘 윌렘스님의 글을 보면 수행자로써 어떻게 행해야하는지 알아차림 한다.

우리는 얼마나 이 생에 업을 닦기 위해 불방일하고 정진해야만 윌렘스님처럼 자비의 마음으로 자신을 죽이려는 사람을 살리는 마음이 일어나겠는가?

부처님이 아난존자에게 반열반하시기 전에 당부하신 불방일하고 정진하라는 참뜻을 알아차림 하는 경전을 올린다.

"그러므로 아난아, 스스로 맹렬히 정진하되 법(法)에 맹렬히 정진해야지 다른 것에 맹렬히 정진하지 말며, 스스로 귀의하되 법에 귀의해야지 다른 것에 귀의하지 말라. 어떤 것을 스스로 맹렬히 정진하되, 법에 맹렬히 정진해야지 다른 것에 맹렬히 정진하지 말며, 스스로 귀의하되 법에 귀의해야지 다른 것에 귀의하지 말라고 하는가? 아난아, 비구는 안의 몸을 관찰하기를 부지런히 하고 게을리 하지 않아야 하며 잘 기억하여 잊지 않음으로써 세상의 탐욕과 걱정을 없애야 한다.

또 밖의 몸을 관찰하고, 안팎의 몸을 관찰하기를 부지런히 하고 게을리 하지 않아야 하며, 잘 기억하여 잊지 않음으로써 세상의 탐욕과 걱정을 없애야 한다.

수(受)와 의(意)와 법(法)도 또한 이와 같이 관찰해야 하느니라.

이것을 아난아, '스스로 맹렬히 정진하되, 법(法)에 맹렬히 정진해야지 다른 것에 맹렬히 정진하지 말며, 스스로 귀의하되 법에 귀의해야지 다른 것에 귀의하지 말라'고 하는 것이다."

계영배(찻잔) 마음을 알아차림 

　미국에서 온 30명의 체험자들과 템플스테이를 진행하면서 저녁 7시면 항상 진행하는 '스님과 차담시간'을 가졌다. 외국인들이라 차를 마시는 방법과 다도 법을 가르쳐주면서 즉문 즉설로 법문을 했다.

　먼저 잔에 뜨거운 물을 부어 잔을 세척하고 또한 잔을 데우는 역할을 하고 그리고 나서 차를 넣을 때는 차 스푼을 이용하여 다관에 넣는다.

　손으로 차를 집어서 넣게 되면 손에 있는 습기와 냄새가 배어들어 차 맛이 변할 수 있다.

　녹차나 발효차나 똑같이 80도 정도 뜨거운 물을 다관에 붓고 1분정도 우려내야 진정한 맛을 느낄 수 있다. 그래야 차의 깊은 성질을 끄집어 낼 수 있고, 또한 차는 차게 마시면 효과가 별로 없다.

최인호의 《상도》라는 책에 보면 이런 내용이 있다.

"적당히 채워라, 어떤 그릇에 물을 채우려 할 때, 지나치게 채우고자 한다면, 곧 넘치고 말 것이다. 모든 불행은 스스로 만족함을 모르는 것에서 비롯된다."

책 속의 계영배(戒盈盃) 술잔을 설명하는 한 대목이다. 이 계영배는 술잔의 7~8부까지만 채워야 한다고 하는데 그 이상을 부으면 이미 부은 술마저도 사라져 버리는 블랙홀의 술잔이라고 한다.

우리의 욕망을 경계한 알아차림의 잔으로 이 소설속의 주인공은 수많은 사람들에게 나눔과 베풂을 실천하면서 살았던 실존인물이다.

저는 외국인들에게 잔에 7할 이상을 따르지 말라고 가르친다. 미국인들은 백지장처럼 순수하게 불교문화를 배우기 위해 진행에 잘 따라주지만 우리 불자들은 고정관념과 편견을 가지고 법문을 듣기 때문에 어려움이 많다.

유치원 5살~7살 된 아이들부터 초·중·고교생 그리고 대학생들과 70세~80세 되신 어른들까지 템플스테이를 진행하면서 많은 것을 느낄 수가 있었다. 우리 불자님들이 스펀지처럼 선입관과 편견 등을 내려놓고 스님의 법문을 알아차림한다면 자신의 이익과 행복이 지금 이 순간에 나타날 것이다.

우리는 순수함으로 돌아가지 않으면 잘 죽을 수가 없을 것이다. 차 한 잔을 따르면서 계영배의 알아차림 하면서 탐욕을 내려놓은 삶을 살아가시길 간곡히 바란다.

실천하는 삶이 행복한 삶

부산에서 템플스테이를 체험하고자 많은 분들이 와서 저녁 시간에 스님과 차담 프로그램을 진행하였다. 남자와 여자들로 구성된 모임으로 나이가 가장 적은 사람이 서른두 살이고 가장 많은 사람이 서른아홉 살이었다.

이 사람들은 전부 다 미혼으로 젊은이들이 미래에 대한 불안전성과 자녀들에 대한 교육비 부담 등의 이유로 결혼이 늦어지고 혼자 살고자 하는 사람들이 늘어나고 있다.

노인 인구는 늘어나고 신생아들은 갈수록 감소하고 있으니 지금의 젊은 사람들은 무거운 짐을 지고 가는 것 같아 걱정스런 마음이다.

그래서인지 얼굴들과 표정 그리고 전부 다 지쳐서 찌들어 있는 모습이었고 행복한 삶을 살아가기 위해서 지금 이 순간 자신이 무엇을 하고 있는지 분명히 기억하는 것, 즉 알아차림에 대해서 2시간 동안 열심히 법문을 하였다.

또한 고정관념으로 세상을 보지 말고 실제적인 삶을 살아가라고 설법을 해 주었다. 저녁 9시 차담이 끝나고 주지스님의 손님들이 칠전선원에 있어서 찾아가서 인사드리고 서 있는 상태로 사찰과 불교에 대한 강의를 1시간 정도 했다.

항상 알아차림으로 살아간다면 그것이 바로 부처님의 참 마음을 이해하고 실천하면서 살아가는 삶이 될 것으로 생각한다.

부처님의 이야기는 언제 어디서나 맑고 향기롭게 사람들의 마음을 평온하게 해 주는 향기와 같다.

우리의 일상생활 속에서 항상 부처님의 말씀을 알아차림하고 실천하는 불자님들이 되어야 미래에 행복한 삶을 보장받을 수 있다.

템플스테이로 참마음 전법합시다 

총무 스님에게 전화가 왔다.

"지금 안 바쁘셔요!"

"네"

"부탁이 있는데요."

"말씀하시죠."

"무조건 들어 주셔야 해요."

"네"

"광주에 선암사 사보 가지러 가야하는데 진명스님께서 다녀오시면 어떻겠습니까?"

"네 알겠습니다."

월요일이면 위빠사나 명상수행자 44기 분들이 들어오는 날이다.

저녁 스님과 차담시간은 6시 30분에 시작한다. 총무 스님에게 전화 받은 시간은 4시 30분이다. 광주까지 갔다 왔다 하는 시간으론 부족한 시간이다. 하지만 지금 이 순간 알아차림을 하였다. 선택의 갈등은 없다. 바로 출발하였다. 가면서 템플 담당하는 행자님에게 저녁 8시에 차담 한다고 준비하라고 했다. 채 50분도 안 돼 광주에 도착하니 인쇄가 아직 안 되어 기다렸다.

시간이 촉박하여 제과점에서 빵을 사가지고 차 안에서 저녁을 조촐하게 먹었다.

도착하니 저녁 8시 5분, 부랴부랴 차방으로 들어가서 "죄송합니다. 사보를 가지러 광주에 다녀오느라고 늦었습니다."라고 양해를 구하고 '스님과 차담' 시간을 진행하였다.

저녁 10시가 조금 넘어서 차담시간을 마무리 하였다. 알아차림으로 하루의 빡빡한 스케줄을 소화해 낸 것이다.

템플스테이 문화 사업단에서 체험후기 이벤트로 공모작을 모집하고 있는데 선암사 여름 불교학교에 참석했던 김금비 학생에게 체험후기를 내보라고 했는데 이 메일로 보내와서 10시가 넘은 시간에 확인

하고 41기 위빠사나 수행자들 중 조장을 했던 석 조장님의 체험후기와 영상으로 찍었던 석 조장님의 위빠사나 수행 모습을 시나리오로 작성하여 수정작업을 하였다. 수정작업을 마치고 보니 밤 12시를 넘기고 있었다.

템플스테이는 한국불교를 재도약 할 수 있는 길을 열어준 프로그램이다. 권위적이던 스님의 모습과 산중 불교로 침체를 멈추지 못하던 한국불교는 전국에서 산사의 아름다움과 정신문화를 체험하기 위해서 수고로움과 비용을 지불하고라도 찾아오고 있다.

이렇게 좋은 전법의 기회를 우리 스님들은 몸과 마음을 다 하여 그 분들에게 부처님의 자비의 마음을 전달하여 그 분들의 고통을 덜어주고 이 사회를 위해 진정으로 봉사와 실천으로 살아가는 상가공동체를 느끼게 해주어야한다.

우리 스님들이 전법의 서원을 가지고 살아야 한국불교가 살아날 것이다. 진정으로 한국불교가 가야 할 비전이 무엇인지 분명히 알아차림하고 최선을 다해 스님으로써 직무유기를 하지 않고 사람들을 위해 살아가는 것이 부처님의 참 마음을 따르고 실천하는 제자가 아닐까? 알아차림 하여 본다.

한국불교의 비전을 전하다 

아침 발우공양시간에 새로운 스님이 오셔서 방부를 들였다. 절집에서는 새로운 스님은 신고식을 발우공양시간에 대중스님들에게 인사를 하는 전통적인 의식으로 가사장삼을 수하고 대중스님들에게 몇 기로 수계 득도한 누구이고 은사스님은 무슨 스님으로 열심히 수행 정진하겠습니다. 하고 자기 소개를 마치고 대중에게 삼배의 예를 올리는 것이다. 그때부터 대중으로서 함께 살 수 있다. 그리고 나서 주지스님이 서열에 따라 앉을 자리를 정해주면 입방식이 끝난다.

오늘은 선암사 회주 스님이신 금용 대종사의 생신일이다. 나는 금용 큰스님을 법사로 모시는 상좌로 오늘 생일 축원 불공이 끝나고 강의 일정이 잡혀 있어 강의 자료를 준비하고 나서 학인 지경스님과 조카 학인 스님인 법안스님과 함께 장흥 장원사로 달려갔다.

장원사 대웅전에서 금용 큰스님 생일 축원 불공을 끝내고 점심공양 후 선암사 강주(목우)스님의 강의를 듣고 제2강 '솔개의 새로 태어남과 위빠사나 알아차림' 타이틀로 강의를 시작하였다.

초기불교를 통한 기복적인 불교에서 벗어나 하드웨어보다는 소프트웨어를 개발하여 다양한 프로그램으로 전법해야한다고 역설하면서 또한 새로운 불교문화의 비전을 제시하기 위해서 명상 공동체의 절실함을 스님들께 간곡히 당부하고서, 지금 우리가 이렇게 모여 먹고 마시고 하는 이런 문화를 탈피하고 공부를 하는 프로그램을 만들어 가는 것이 불교문화를 새로 쓰는 역사적인 일이라고 강하게 어필하였다.

그리고 사띠 수행을 통한 일상생활 속의 명상을 이 시대에 전법해야 한다고 하면서 더불어 스님들이 새로운 프로그램을 개발하여 스님들이 공부와 수행을 통해 솔개처럼 새로 태어날 때만이 진정으로 중생들을 위한 수행자의 전법의 실천 행을 할 수 있음을 강의하였다.

실천불교로 건전한 사회를

텝플스테이 위빠사나 44기 수행자 수행점검시간이 오전에 진행된다. 3일째 머물며 아나빠나 사띠를 하루 4번 좌관명상(앉아서 사띠수행하는것) 하면서 느낀 점과 질문을 보고하는 방식으로 수행을 점검하는 시간이다.

그리고 질문과 답변을 하면서 심리적인 작용과 알아차림을 강조하고, 일상생활 속에서 실천이 될 수 있도록 유도해 준다. 차를 나누며 즉문즉설로 자신의 내면의 마음을 조개가 속살을 드러내 듯 보여줄 때 치유하고 의식을 정화하는 작업이다.

오랜만에 불교대학 부회장 윤태주님 교무 김성근님과 점심을 같이 하면서 선암사 발전과 불교대학의 프로그램 다양성 그리고 사띠 수행 공동체에 대한 비전과 한국불교의 한계점과 나아가야 할 방향에 대해 자연스럽게 대화를 하게 되었다.

오후에는 순천에서 전 국회의원 보조관 하시던 분과 그 분의 후배 두 분이 오셔서 순천의 발전을 위해 정신적인 요람인 선암사가 대중들과 함께하는 프로그램을 많이 개발하여 정년 퇴직자들을 위한 실버타운 등 청소년을 위한 수련원 등등 수많은 소프트웨어를 통한 프로그램이 필요하다는 것을 이야기 하였다.

이 시대의 500만 우울증환자들 그리고 해마다 쏟아지는 15만 명의 대학 실업자를 위한 프로그램이 시급하다고 강조하고 이런 시대적인 환경 속에서 불교의 명상법이 이제는 중생들의 아픔을 치유하고 대안을 제시하지 못한다면 우리나라의 앞날은 희망이 없고 고통 속에 살아갈 것이라고 했다.

이제 우리 불자들이 실천하고 일어나서 이 시대의 주역이 되어 사회를 건전하게 이끌어가는 사람이 되어야 한다. 사소한 것이라도 알아차림 하면서 실천해가는 마음가짐이 필요한 시대가 되었다.

저녁 6시 30분 스님과 차담시간을 통해 불교의 분규 사에 대해 즉

문즉설을 했다. 서울에서 오신 여자 분이 "불교는 왜 어린이들을 위한 유치원이 많이 없는지요?"

먼저 저는 "용서하십시오!"하고 말하고 "저를 포함한 우리 스님들이 노력을 하지 않아서 이렇게 되었습니다." 하고 용서를 빌었다. 우리 스님들과 불자님들이 진정으로 반성해야 할 내용이다. 사회 속에서 소외되는 불교가 될 것이 아니라 사회 속에서 중심이 되는 불교로 거듭나야 할 때임을 뼛속 깊이 느껴본다. 산중불교에서 벗어나 중생과 함께 호흡하는 대중 불교를 실천해야하는 시대의 소명이라는 것을 알아차림하고 함께 건전한 사회를 만들어 가리라 다짐해본다.

공부의 목적, 수행의 목적

　　고등학교 1학년인 딸이 아빠에게 "공부는 왜 합니까?"라고 물었다. 아빠는 머리가 띵 멎어서 뭐라고 대답을 할 수 없었다고 했다. 그날 이후 아빠는 공부의 목적을 찾아 인터넷도 검색해보고 주변사람들에게도 물어보고 했으나 시원한 대답을 찾아보지 못해서 전전긍긍하다가 자신이 잘 가는 뒷골목의 빈대떡집을 가서 푸념으로 빈대떡 아줌마에게 물어보니 빈대떡 주인아줌마는 그렇게 쉬운 것을 뭘 고민하느냐고 하면서 빈대떡 아줌마의 한 말씀 "공부는 남에게 주려고 하는 거야! 자기를 위해 공부하면 사람이 옹졸하고 치졸해지거든. 세상을 크게 어지럽히는 놈들은 다 공부 한 놈들이야. 그런데 그 인간들은 다 자신을 위해 공부했기 때문에 세상을 어지럽게 하는 거야. 남에게 주는 공부를 못한 것이지.”라고 했다. 망치로 뒤통수를 한 대 얻어맞은 기분이다.

남을 주기 위한 공부 얼마나 통쾌하고 자유롭고 자비심이 넘쳐나는 말인가!

모든 공부는 전문성을 얻기 위한 과정이고 그것을 성취한 뒤에는 전문성을 세상 사람들과 나누어야 제대로 공부한 것이다.

“소통과 나눔 그리고 행복”으로 성하여 빙상초청 강의를 하였다. 우리 수행자들도 왜 수행하는가? 물으면 뭐라고 대답해야 할까요?

부처님의 전법선언문에서 해답을 찾을 수 있다. “중생의 이익과 행복을 위하여 우리는 수행을 해야 합니다.”

이것이 부처님의 지상명령이고 불교가 나아가야 할 길이며 수행의 목적지이다.

“자비심을 가지고 중생의 이익과 행복을 위하여 무소의 뿔처럼 혼자서 전법의 길을 가라.”

부처님의 불방일한 삶

　　조계산 선암사 대각암에서 태고종 전법사님들에게 법문을 하고 있었다. 전법사들에게 강의 주제로 《초전법륜경》과 〈전법선언문〉 그리고 《열반경》을 설법하였다. 불교를 가장 잘 이해하기 위해서는 이 세 가지 경전을 이해함으로써 불교가 무엇을 위해 이 세상에 존재하고 있는가를 잘 알아차림 할 수 있을 것 같았다. 불교를 진정으로 이해하고 실천하며 살아가는 것은 그렇게 쉽지는 않다.

　　부처님의 진정한 참마음을 이해하지 않고서는 부처님이 무엇을 위해 깨달음을 얻은 순간부터 반열반에 드실 때까지 45년 전법의 삶을 이해하기 어렵다. 우리는 진정으로 순수한 부처님의 제자로써의

의무와 권리를 실천하는 삶이 필요하고 《초전법륜경》에서의 첫 말씀
은 쾌락과 고행을 초월하여 중도를 깨달았다는 위대한 선언이다.

불교는 '중도'를 빼놓고서는 불교라고 할 수 없는 것을 부처님이
직접 말씀하셨다. 중도는 팔정도의 실천행을 말하고 있으며, 팔정도의
정견은 사성제를 이해하는 것이다.

사성제는 즉 연기법을 설명하고 있는 것이다. 불교는 중도·팔정
도·사성제·연기법을 빼놓고 불교라고 할 수 없는 것이며, 중도, 즉
정견·정사유·정어·정업·정명·정정진·정념·정정의 팔정도와
계·정·혜 삼학으로 되어 있나.

다시 말하면 중도가 곧 삼학의 실천행인 것이다.

신·구·의 삼업의 불선업을 계·정·혜 삼학의 알아차림으로 청
정하게 하는 것으로 전법선언문에서는 대승불교가 주장하는 보디사
트와, 즉 보살사상이 온전하게 들어있음을 알아야 한다.

"자비심을 가지고 더 많은 중생의 이익과 행복을 위해 길을 떠나
라 혼자서 가라!"

부처님은 61명의 아라한이 탄생했을 때 전법선언을 하셨다. 소위
이 시대의 선지식이라고 하는 분들을 친견하여 보지만 시원한 대답을
들을 수 없었고 그 분들이 말씀과 행동에서 전혀 자비심이 나오지 않
고 있다. 부처님은 아라한이 되신 선지식은 처음도 좋고 중간도 좋고

마지막도 좋다고 하셨다.

즉 신뢰와 믿음이 있는 삶을 보여준다는 것이다.

우리나라 대승에서는 "뭐 걸망하나 지고 와서 맘에 안 들면 걸망하나 지고 떠나면 그만이지."하고 마치 그것이 도인의 삶처럼 회자되고 있다.

하지만 부처님의 〈전법선언문〉에 비추어 알아차림 하면 정말로 책임감이 없는 행동이 되는 것이고 걸망을 지고 와서 공부를 하든 전법을 하든 전법당을 차려서 대중들과 화합하면서 부처님의 가르침에 따라 살아가면서 부처님의 가르침을 전해주는 것이 수행자의 삶인 것이다.

그러나 오늘날 자신의 맘에 맞지 않는다고 일을 크게 벌려 놓고 자신은 걸림 없이 살아가는 도인인 듯 착각하고 어느 날 소식 한 장 남기지 않고 사라져 버리는 것이 무슨 영웅이 된 것처럼 회자되고 있는 것이 몇몇 수행자의 모습이다.

부처님께서는 바른 문장과 바른 뜻과 바른 언어로써 가르침을 설하라고 우리에게 고구정녕 당부하셨다.

진정 수행자로써 부처님의 제자로써 살아감은 부처님의 가르침을 잘 알아차림하여 그 가르침을 잘 배워서 중생들을 위해 부처님의 가르침을 전하는 것이 가장 중요한 수행자의 본분사일 것이다.

부처님의 《대반열반경》에서 "모든 형성된 것들은 무너지기 마련이다. 수행자들이여! 부디 불방일하고 힘써 정진하라!"라고 우리에게 최후의 유언을 남겨주시었다.

부처님께서는 깨달음을 얻은 순간부터 반열반의 순간까지 불방일한 삶의 여정을 우리들에게 똑똑히 그리고 분명히 증명해주시고 잘 가시었다.

우리는 불방일한 삶을 살아가는 것이 바로 불교 수행을 하면서 살아가는 삶인 것은 불방일한 삶, 즉 사띠파타나의 수행으로 다시 말하면 알아차림의 확립이라고 할 수 있다.

사띠 수행을 통해 우리는 행주좌와 이묵동정에서 항상 대상을 알아차리고 대상에서 한시도 떨어지지 않는 고도의 집중력의 힘이 필요한 것이며 사띠는 알아차림으로써 지금 이 순간 자신이 무엇을 하고 있는지를 분명히 기억하는 것이다.

대상에 대한 알아차림을 통해 확고하게 겨냥해서 절대로 대상에서 물러나지 않고 틈을 보여서는 안 되는 것이다.

부처님이 인간으로 오셔서 불방일한 삶을 보여주시고 간 삶이 바로 불교의 가장 위대한 일이다.

우리도 지금 이 순간부터라도 사띠 수행, 불방일한 삶을 살아가면서 다른 사람들을 위해 살아가는 자비와 봉사를 실천하는 불자가 되시길….

마음 길들이기

　'수행을 하면서 망아지 길들이기'라는 법문이 있다. 어린 송아지를 길들이기 위해선 말뚝을 박아 송아지 고삐를 매어 놓으면 처음에는 뛰쳐나가려고 발버둥 친다. 그러나 시간이 지나면 송아지는 금방 지쳐 말뚝 있는 곳으로 와 누어서 잠도 자고 평온하게 쉬기도 한다. 우리들의 수행도 이와 같은 것이다. 탐·진·치 삼독의 번뇌 망상이 처음에는 송아지처럼 날뛰다가 알아차림수행(사념처)으로 말뚝을 박아 송아지(삼독)의 날뜀(번뇌 망상)을 알아차림 하면 서서히 송아지는 힘이 빠져 결국 주저앉아 버리는 것이다. 우리도 일상생활에서 쓸데없는 생각에 빠지지 말고 지금 이 순간 알아차림 하면 된다.

이 세상은 좋은 사람도 있고, 나쁜 사람도 있다. 우리는 나쁜 사람을 보고 '왜! 저렇게 살까?' 하고 분별심을 내며 스스로의 마음을 괴롭히고 있다. 나쁜 사람이 변화되어 좋은 사람이 되길 바라지만 나쁜 사람은 자신이 나쁜 사람인줄 전혀 모른다. 그래서 붓다도 무지한 사람은 구제할 수 없다고 하셨다. 지구상의 70억 인구가 다 자신의 업에 의해 살아가고 있다. 그 사람들의 조건 지어진 업을 이해하는 것이 수행이다. 상대방이 바꾸어지길 바라기 보다는 자신이 알아차림의 수행으로 지금 이 순간 평온하면 세상은 평화스럽다. 밖에서 무엇을 찾으려고 하지 말고 자신의 내면에서 찰나 생 찰나 멸하는 오온의 흐름을 이해하면 평온한 삶이 될 수 있다.

천 마디 말보다 한 번의 행이 낫다 

"무소의 뿔처럼 혼자서 걸어가라" 이것은 《숫타니파타》에 있는 유명한 말씀이다. 우리는 일상생활 속에서 시기 질투로 인하여 고통을 받고 살아간다. 사명감과 소명의식으로 책임감 있게 헌신과 봉사의 삶을 살아가도 그것을 못마땅하게 생각하고 깎아 내리며 험담을 하고 다닌다. 또한 못하면 바로 찍힘을 당해 견딜 수 없게 만들어 버린다. 그래서 우리는 알아차림을 잘해야만 한다. 사람들의 업식에 따라 마음이 각기 다르기 때문에 각자의 고정관념으로 판단을 하고 살아간다. 어차피 세상은 편견이 있기 마련이고 남의 견해에 너무 집착하거나 분별하지 말고 중도적 알아차림으로 여실지견하는 삶이 중요하다.

의미도 없고 열반에 이어지지 않는 천 마디의 구절보다, 들어서 마음
이 고요해지는 단 한 구절이 났다.

　　　　—바히야 다루찌리야 이야기 중에서 부처님 게송

천 권의 책을 읽고도 행하지 않으면 한번 행함보다 못하다네, 천
마디의 말보다 한 번의 자비행이 부처님이 말씀하신 보리의 길로 간
다고 하시었네. 말없는 미소는 계정향의 향기가 되어 온 누리를 따뜻
하게 하고, 선한 말 한마디 절망과 고통에 허덕이는 사람을 살린다네.
불방일하며 알아차림하여 대상에 물들지 않는 사람이 진정 부처님이
말하시는 제자라 하네.

우리는 살다보면 중상모략에 휩싸이게 된다. 자신의 견해와 이익
에 맞지 않기 때문에 시기 질투하는 사람이 있기 마련이다. 자신보다
더 우월하다고 느끼기 때문에 그 사람을 괴롭히고 고통스럽게 하기
위해서 있지도 않은 일들을 소설처럼 지어낸다. 그 소설처럼 지어낸
일들이 사실인 것처럼 만들기 위해 널리 유포한다. 이렇게 어리석음
으로 살아가는 것이 우리 인간들의 중생심이라고 한다. 우리 선우님
들은 이런 일들이 닥치면 사띠 수행으로 잘 대처하면 된다. 자신이 하
지 않은 일들이 중상모략으로 다가오면 아! 그렇구나 하고 흥분하지
말고 담대하게 알아차림 하면 된다.

탐욕과 성냄에서 벗어나기

마음이라는 것은 가까운 것에서 부터 먼 것까지도 능히 생각할 수 있는 것이다. 그러므로 수행자는 마음을 잘 다스려 마음이 멀리 떠나지 않도록 해야만 한다. 수행자는 항상 알아차림으로 마음이 자연적인 성품을 관찰하고 있어야만 한다. 그리하여 그는 마음으로 부터 일어나는 갖가지 장애에서 벗어나 해탈을 성취할 수 있다. 부처님께서는 다음 게송을 읊으셨다.

마음은 끝없이 방황하고 홀로 움직이며 물질이 아니면서도 물질 속에 숨는다. 어느 누구든 간에 그것을 잘 다스리는 사람은 악마의 손에서 완전히 벗어나리.

우리의 마음은 빛의 속도에 백만 분의 일초에 일어났다 사라지는 것이다.

만일 진실하고 지혜로우며 덕 높은 스승을 만나거든 스승과 함께 즐겁게 살며 마음 알아차림을 잘 수행하여 삶의 모든 위험으로부터 벗어나라. 그러나 만일 진실하고 지혜로우며 덕 높은 스승을 만나지 못하거든 마치 왕이 한번 점령한 땅을 미련없이 포기하듯 홀로 자유로이 살아가라 코끼리가 홀로 숲 속을 거닐듯이.

참스승을 만나거든 그 공덕을 함께 나누며 마음 알아차림 수행을 통해서 사람들에게 회향하고 자비와 봉사의 실천행으로 행복한 삶을 살아가는데 부처님은 만일 참스승을 만나지 못하면 무소의 뿔처럼 혼자서 걸어가라고 한다.

"비록 많은 경전을 독송할지라도 수행을 게을리 하면 마치 남의 목장에 소를 세는 목동과 같나니 수행자로서의 아무런 이익이 없다. 비록 경을 적게 독송할지라도 진리의 가르침을 실천 수행하여 탐욕과 성냄과 어리석음을 없애고 진리를 바르게 이해하여 번뇌가 더 이상 자라지 않아 현재와 미래에 집착이 없어지면 이것이야말로 수행자의 참된 이익이다 그는 그것을 다른 이들과 나눈다.”

우리가 스승님의 말씀과 경전의 내용을 많이 알아도 그것을 실천에 옮기지 않는 것은 남의 목장의 소를 세는 어리석은 목동이 된다. 선하지 못한 마음의 작용은 항상 어리석음, 양심 없음, 수치심 없음, 들뜸과 함께 일어나 우리를 탐욕으로 이끌어 결국 고통스럽게 살아간다. 불선심의 근본원인은 어리석음과 집착이고 이 어리석음과 집착이 우리들을 고통스러운 윤회의 길로 인도하는 것이다. 성냄과 탐욕에서 벗어나는 길은 “지금 성냄과 탐욕이 일어나고 있네”라고 알아차리면 된다. 이것만이 성냄과 탐욕에서 벗어나는 유일한 길이다. 성냄과 탐욕을 억눌러 쌓아두지 말고, 단지 성냄과 탐욕을 알아차림을 하면 된다. 알아차림이 있으면 성냄과 탐욕이 일어나지 않고, 알아차림이 없으면 성냄과 탐욕이 우리를 지배한다.

우리가 알아차림 수행을 잘하면 사주나 관상 등 기복적인 것들에서 벗어나 자유롭게 살아 갈 수 있지만 알아차림을 놓아버리는 순간 불행의 싹은 새로이 돋아나게 된다. 어떤 역경이 와도 사띠 수행자는 있는 그대로 그 역경을 과거의 원인에 의해서 나타난 과보로 받아들이기 때문에 그냥 그 역경을 알아차린다. 사띠 수행자는 그래서 모든

고통과 역경에서 벗어난 자유로운 사람이며 해방 된 자라고 할 수 있
다. 그리고 스스로 행복을 창조하여 즐겁게 살아간다. 그 어떤 고정관
념도 사띠 수행자는 그냥 알아차릴 대상 정도로만 생각하는 것이 사
띠 수행자의 자유로운 삶이다.

와서 보라

　수행자는 빈틈을 주지 않고 어떠한 번뇌도 침범하지 못하도록 마음을 알아차려야 한다. 수많은 마음이 일어날지라도 모든 것은 일어났다 사라지는 것이구나 하고 알아차려야 한다. 일어났다 사라지는 것인줄 아는 지혜가 바로 통찰지를 얻는 것이다. 통찰지란 생멸의 법칙을 이해하는 것으로 이것은 있는 그대로 본다는 여실지견이다. 대상이 일어났다 사라지는 것이라는 무상의 법을 알아차리는 것으로 '좋은 것도 일어났다 사라지는 것일 뿐이구나. 나쁜 것도 일어났다 사라지는 것일 뿐이구나.'하고 아는 것이다.

　대상은 변하는 것이고, 변하는 것이기에 의지할 만한 실체가 없고,

불만족스럽고, 내 마음대로 되는 것이 아닌, 나라고 할 만한 주체적 자아가 없다는 것이다. 이러한 무상·고·무아라는 법의 특성을 우리가 직접 보아야 하는 것이 '와서 보라'는 깊은 뜻이다. 부처님은 '와서 보라, 그러면 지체없이 스스로 보아 알게 될 것이다' 직접 체험을 통해 몸과 마음이 대상이 되어 무상·고·무아의 삼특상을 체험 증득할 수 있다고 했다. 그래서 부처님은 '와서 보라' 나에게는 손 안에 감추어 놓은 비밀이 없다. 지혜 있는 자의 눈으로 스스로 보아 알 수 있다. 누구나 와서 보라'고 하셨다.

수행자는 빈틈을 주지 않고 이떠한 번뇌도 침범히지 못히도록 마음을 알아차려야 한다. 숭고한 사람은 단 한순간도 빈틈을 주지 않고 마음은 끊임없이 일을 한다. 조건 지어져 일어났다 사라져가는 것을 한 순간도 놓치지 않고 알아차린다. 숭고한 사람은 모든 번뇌 망상에서 해방되어 머무는 바 없이 마음을 내어 모든 것은 무상하고, 고통스럽고 자아가 없다는 것을 깨달아 행복하다. 숭고한 사람은 시시분별심이 없어져 모든 사람들과의 관계가 평화스럽고 일상생활 속에서 밀려오는 대상들과의 관계 속에서 아무런 걸림이 없이 자유스럽게 살아가는 자유인이다.

인고를 이겨 낸 수행

부처님께서 말씀하셨다. 화를 지니지 않은 사람에게 어떻게 화
가 일어나겠는가? 있는 그대로 보고 알아차림 수행을 하면 평온과 자
유스러움 속에서 살아가게 된다. 누군가 자신에게 화를 냈다고 같이
화를 낸다면 스스로를 해치고 다른 사람 또한 해치게 될 것이다. 상처
를 받았어도 상대방에게 상처를 입히지 않는다면 진정한 승리자가 되
리라. 또한 그대의 승리가 두 사람 모두를 이롭게 한다. 그대 자신과
상대방 마음에 있는 분노의 뿌리를 이해 할 때 마음에 평화와 기쁨, 거
침없는 자유가 깃들게 될 것이니 그대는 이제 그대 자신과 상대방을
치유하는 의사가 될 것이다.

알아차림의 수행은 마음이 일을 하는 것이라 일하는 마음을 잘 알아차림 해서 보호해야 한다. 우리는 무엇이든지 너무 잘하려고 하다 보니 긴장을 하게 되며 수행도 마찬가지로 너무 잘하려고 하는 것은 마음을 힘들게 하는 것이다. 마음이 힘들고 긴장하게 되면 집중이 잘 되지 않고, 일상생활 속에서 온갖 욕망과 번뇌 망상으로 스스로를 괴롭히며 살아가는 것이 우리의 모습이다. 우리의 마음에 욕망의 불을 지펴서는 안 되고 단지 일어나는 대상들을 있는 그대로 잘 알아차림 하면 된다. 지금 이 순간 알아차림이 있으면 행복해진다.

우리가 사띠 수행한다는 것은 지금 이 순간 몸과 마음을 알아차리는 것이다. 우리는 무명 속에서 갈망과 갈애 속에서 살아가기 때문에 선한 행위를 하지 못하고 살아간다. 그래서 우리는 도반과 훌륭한 가르침을 펴는 스승에게 배워야하듯이 우리가 알아차림 수행을 하는 이유는 지금 행복하고, 미래도 행복하고, 내생에도 행복하게 살기 위해서 사띠 수행하는 것이다. 궁극적으로는 윤회를 끊어내고 이생에 지고의 행복을 얻기 위해 사띠 수행을 하는 것이다.

사띠 수행은 경험하지 못한 정신과 물질의 세계를 여행하는 것이다. 사띠 수행은 새로운 세계 즉 내면의 세계로 여행을 떠나는 수행이기 때문에 반드시 안내자가 필요하다. 사띠 수행은 대상을 주시하여서 알아차리는 것으로 처음에는 사띠 수행이 잘 안 된다. 잘 안 된다는 것을 알아차리는 수행이 바로 사띠 수행인 것이다. 수행이 잘 안 된다는 것을 알아차림 하면서 꾸준히 지속적으로 순간순간을 알아차리게 되면 사띠의 힘이 커지고 지혜가 생겨나서 마음의 평화가 오고 대자유가 펼쳐진다. 진정 이러한 삶이 행복한 삶이라 하겠다. 이런 사띠 수행 과정을 지속적으로 하지 않으면 행복한 삶은 오지 않는다. 반드시 인내하고 정진하는 사람만이 그 노력의 대가를 받아 삶의 행복을 보장 받게 될 것이다.

계를 잘 지키겠습니다

불교의 오계 중에서 술을 마시지 말라는 내용이 있다. 술에 관한 계율을 서원하면서 "알아차리지 못하는 것의 원인이 되는 곡주, 과일주등의 술을 먹지 않는 계행을 지키겠습니다."라고 불교에서는 약속하고 있다. 술을 먹지 말라는 것의 궁극적인 뜻은 알아차림을 방해하기 때문에 먹지 말라고 하는 것이다. 술에 취해서 이성을 잃어버리고 알아차림을 하지 못하여 불선업의 행위를 하기 때문에 계율로서 다스리고 있다.

상좌부 비구계율은 227계로 많은 계율이 있다. 이 많은 계율을 지금의 시대에는 지키기 어려운 것도 많아 출가수행자로서도 매우 힘든 일이다. 이렇게 많은 계율이 있지만 우리는 알아차림을 잘 하면 모든 계율을 지키고 잘 실천하여 청정한 삶을 살아 갈 수 있다.

부처님의 남자 재가신자들에 대한 설법이다.

"장자들이여, 계행을 지키지 않고 어긴 자에게 이와 같은 다섯 가지 재난이 있다. 잘 듣고 마음에 새겨야 한다."

1. 세상에 계행을 지키지 않고 계행을 어긴 자는 방일을 원인으로 커다란 재산의 손실을 경험한다.

2. 세상에 계행을 지키지 않고 계행을 어긴 자는 악한 명성을 드러낸다.

3. 세상에 계행을 지키지 않고 계행을 어긴 자는 누구든지 대중들에게 당당하지 못하고 수치스럽게 대한다.

4. 세상에 계행을 지키지 않고 계행을 어긴 자는 미혹되게 죽는다.

5. 세상에 계행을 지키지 않고 계행을 어긴 자는 몸이 파괴된 후 죽은 뒤 지옥에 떨어진다.

부처님의 열반 삼개월전 수행자들에게 당부의 게송을 알아차림 하여보자.

연로하여 나의 목숨이 얼마 남지 않았으니 그대들을 버리고 가니 나 자신을 피난처로 삼아야 한다. 수행자들이여, 방일하지 말고 계행을 잘 지켜서 집중된 사유로 자신의 마음을 보호하라.

네 가지 알아차림

　　부처님이 우리에게 유일한 길로써 안내해준 수행의 방법이 바로 사념처 수행법이다.

　　네 가지 알아차림의 수행을 말한다. 다시 말하면 팔정도의 일곱번째인 정념 즉 바른 알아차림의 수행이다.

　　몸, 느낌, 마음, 법 이렇게 네 가지를 알아차림을 하는 것을 말한다. 부처님은 당시의 인도에서 수행자들이 닦았던 제사를 지내거나, 불을 숭배하거나, 고행을 하거나, 진언을 하거나, 범천에 태어나기를 바라거나 하는 등등의 방법으론 괴로움의 완전한 소멸은 이룰수 없다고 깨달으시고 마침내 지금까지 어떠한 종교에도 없는 새로운 수행법을 스스로 발견하시었다. 그것이 바로 몸, 느낌, 마음, 법에 대한 집중적인 통찰법인 사념처이다.

부처님은 고행을 그만두시고 사념처를 수행하셔서 초선, 이선, 삼선, 사선을 차례대로 닦으시고, 마침내 그 선정의 힘으로 제행무상, 일체개고, 제법무아의 실상을 깨달으셨다. 부처님은 깨달으시던 초저녁에서 다음날 새벽에 이르시기까지 차례로 숙명통, 천안통, 누진통을 얻고 마침내 커다란 깨달음을 이루셨다. 부처님은 연기 무아 중도를 깨달으셨다고 한다.

부처님이 직접 발견하시고, 수행하셨고, 마침내 그것으로 깨달음을 이루셨기 때문에 부처님은 초전법륜을 굴리신 35살부터 반열반에 드신 80살까지 사념처 수행법을 가르치셨다. 그러므로 수많은 경들에서 갓 들어온 비구들도 사념처를 닦아야 한다고 하셨고, 번뇌를 부순 성자들이라 하더라도 사념처를 닦아야 한다고 하셨다. 그리고 부처님은 많은 하안거 기간동안 들숨날숨에 기초한 사념처수행을 수행하셨다고 하안거 해제 법문으로 직접 설법하신 경들이 많다. 이처럼 사념처는 해탈 열반의 길에 있는 모든 중생을 위한 수행법이다.

불교에는 많은, 좋은 수행법들이 있다. 간화선, 진언, 염불 등 뿐만 아니라 많은 수행법들이 있어 그 모든 불교 수행법의 뿌리는 부처님이 발견하시고, 수행하시고, 가르치셨던 사념처라고 할 수 있겠다.

무수히 많은 초기경전들에서 사념처 수행법에 대한 가르침을 확인할 수 있지만 가장 넓게 깊게 설법하신 것으로《대념처경》을 들 수 있다. 또한 부처님이 말씀하신 염처상응(Sati-Sutta)에서 다음과 같이 설하시었다.

이와 같이 나는 들었다.

어느 때 세존께서는 베살리 암바팔라 숲에 머물러 계셨다.

그곳에서 부처님께서 비구들을 "비구들이여"라고 부르셨다.

비구들은 "예, 세존님"하고 대답했다.

그리고 부처님께서는 다음과 같이 밀씀하셨다.

비구들이여, 이것이 유일한 길이다.

중생을 정화로 인도하고,

슬픔과 근심을 온전히 넘어서고,

고뇌와 비탄을 부수고,

올바른 길에 도달하게 하고, 열반을 실현하게 하는 길,

지혜로 인도하는 유일한 길, 그것은 바로 사념처이다.

즉 네 가지 알아차림의 확립이다.

네 가지가 무엇인가?

수행자들이여, 여기 사념처 수행법에서 어떤 수행자가 몸에 대하여 몸을 관찰하며, 분명하게 이해하고 알아차려서 세상에 대한 욕망

과 고뇌를 버리고 지낸다.

그는 느낌에 대하여 느낌을 관찰하며 분명하게 이해하고 알아차려서 세상에 대한 욕망과 고뇌를 버리고 지낸다.

그는 마음에 대하여 마음을 관찰하며 분명하게 이해하고 알아차려서 세상에 대한 욕망과 고뇌를 버리고 지낸다.

그는 담마에 대하여 담마를 관찰하며 분명하게 이해하고 알아차려서 세상에 대한 욕망과 고뇌를 버리고 지낸다.

요즈음 위빠사나 수행법이 미얀마에서 수행하고 돌아온 수행들에게서 많이 알려지고 있다.

물론 위빠사나 수행법이 남방불교에서는 아비달마와 청정도론과 함께 널리 알려졌다.

저도 미얀마에 가서 위빠사나 수행법으로 수행정진하였다.

하지만 시간이 지나고 수행과 경전을 통해 공부를 해나가면서 이제는 제가 미얀마에서 수행했던 것이 바로 사념처 수행법이라는 것을 알게 되었다.

그래서 이제는 위빠사나라는 말 보다는 네가지 알아차림 수행이라고 하고 싶다.

항상 행주좌와 어묵동정에서 몸, 느낌, 마음, 법을 알아차리는 것이 중요하다.

또한 그 중에서도 카레의 소금처럼 꼭 필요한 것이 바로 사띠, 즉 알아차림이 가장 중요하다는 것을 깨닫게 되었다.

부처님이 깨닫고 45년간 전법의 길과 수행의 길은 네가지 사띠수행의 유일한 길을 걸어가신 역사이다.

저는 그것을 깨닫고 오로지 사띠수행에 대해 전법의 길을 가고 있고 불교를 누구나 가장 쉽게 보고 듣고 알고 이해하고 알아차림하면 고통을 넘어 행복한 삶을 살아갈 수 있을 것으로 믿는다.

불교는 모든 사람들이 네 가지 알아차림의 수행으로 해탈 열반을 이룰 수 있다고 확신한다.

우리 모두 사념처 수행, 즉 네 가지 알아차림 수행으로 온 누리에 행복한 세상을 만들어가는 실천이 필요하다

3
들으며 배우기

정법을 찾아서

불교를 이해하고 수행을 잘 하기 위해서는 기초교리가 중요하다. 불교를 안다는 것은 참으로 쉬운 것 같지만 알려주는 사람이 불교가 아닌 것을 가르쳐주고 있으니 알려는 사람이 아무리 수행을 하고 노력해도 불교를 제대로 알지 못한다. 불교의 시초는 고타마 붓다의 참마음의 맛을 봐야 하는데 중간에서 왜곡되어진 맛을 보고 붓다의 참마음이 이것이라고 하면 전혀 다른 맛을 보게 된다.

이 중간의 수행자들의 말만 믿고 수행하다 보면 참맛을 볼 수 없고 세월만 허비하게 되어 살림살이가 가난해진다.

계곡물에서도 알 수 있듯 산속에 있는 물은 깨끗하여 마음대로 먹지만 강물이 되고 바닷물이 되면 먹을 수 없는 물로 변한다.

불법도 이와 마찬가지로 세월이 지날수록 조금씩 변질되어 다른 사상들과 혼합되어 참된 불교를 접하기가 어려워진다.

그래서 참 불교를 안다는 것은 참으로 좋은 것이다.

정법을 만나 공부한다는 것은 최고로 좋은 것이다. 그러나 정법을 만나기가 하늘에 별 따기보다 어렵다는 말이 있다.

우리는 무엇이 정법이고 부처님의 참마음인지를 알지 못하는 무명 속에 살아가고 있기 때문이다. 무명은 지혜가 없는 것을 말하며 무조건 믿는다고 불자가 되는 것이 아니다.

정법인지 사법인지 알고 이해하고 믿어야지 수행자가 가르친다고 모두 정법은 아닌 것처럼 무조건 믿는 것은 무명의 행동일 뿐이다.

불교는 신비주의도 아니고 기복적인 종교는 더더욱 아니다.

불교는 우선 법문을 들어서 알고, 사유와 이해로서 그리고 수행을 통해 직접 체험해 깨달아 알아가며 이 생에 선업을 지으면서 잘 살고자 하는 것이다.'

뭘 깨달으면 하늘을 날아다니고 어쩌고저쩌고 참으로 안타까운 기대를 하며 점을 보고 미래를 이야기하는 것은 불교를 빙자한 돈벌이에 지나지 않는다.

붓다께서는 업이 있는 중생으로 오셔서 업이 없는 최고의 인간됨

으로 살다가 가셨다. 부처님을 한 인간의 완성된 삶을 존경하고 받들
어야지 붓다에게 무엇을 달라고 원한다고 해서 이룰 수 있는 것이 아
니다.

붓다는 그런 사람에게 "무지한 중생은 구제가 안 되는구나!"하실
것이다.

우리는 부처님의 일대기를 이해하고 거기에서 붓다의 참 마음을
알고 깨달아 수행을 통해 붓다와 같은 진리의 삶을 살아가야 한다.

불교를 안다는 것은 불교 창시자이신 부처님의 사상과 생애를 모
르고 어떻게 불교를 안다고 생각하는가?

기초부터 차근차근 공부하면 부처님의 참마음을 이해하는 지름길
이 될 것이다.

노상법석

　우연한 인연으로 노상에서 장사하는 상인을 만나 지금까지 살아 온 이야기를 하게 되었다. 몇 번을 흥하고 망하고를 되풀이 하며 살았다고 한다. 그 이유가 무엇일까?

　아주머니께서 망한 이유는 탐욕 때문이다. 전에 하던 옷집이나 꾸준하게 했으면 될 것을 자기의 분수를 모르고 욕심을 내어 경험도 없는 식당을 하려고 했던 것이 결국 사기를 당하고 돈 잃고 마음 다치고 전쟁터의 패잔병처럼 쓰라린 상처와 회한만 남게 되었다. 사람은 먼저 자기부터 잘 파악하면서 살아가야 탈이 없는 법이다.

　아주머니는 자기의 처지를 모르기 때문에 당연히 재산을 탕진하게 되고 또한 계약을 하면서 사전에 잘 알아보지도 않고 부동산업자의 말만 믿고 권리금을 주고 식당을 인수했다는 것이 제일 어리석은 믿음의 행동이다.

믿음이란 맹목적인 믿음이 되면 무지한 사람인 것이다. 믿음은 자신이 듣고 보고하며 논리적인 사유를 통해 이것이 진리에 맞는지 사유해 보아야 하는데 생각할 틈도 없이 일을 저지르고 본다. 그리하여 손해를 보는 무지를 범하게 되는 것이다.

우리들에게 이익이 되겠는가를 생각해서 냉철하게 판단한 후에 믿음을 가지고 종교생활을 해야 하는 것이 도리이다.

“무엇을 믿으면 복이 온다!”는 유혹적인 말을 맹목적으로 믿고 따르는 사람에게 부처님께서는 어느 누구에게나 이렇게 말씀하셨다.

“와서 보라, 우리의 진리의 법은 비밀이 없다. 지금 당장 자신이 진리를 알 수 있다고 하셨다.”

와서 보고 배우고 진리의 법에 맞으면 믿음을 가지고 그때부터 믿고 공부하고 수행하면서 행복한 삶을 살면서 참 가정을 이루어 나가면 된다고 강조하셨다.

인간으로 태어나 선업을 쌓고 불선업을 하지 않는 것이 가장 기본적인 불교의 이해이고 믿음이며 불교는 이생에 맑고 평화로운 마음으로 다 함께 더불어 행복한 삶을 추구하는 종교이다.

도를 닦아서 신통이 열려 무엇이 어쩌고 저쩌고하는 것이 아니라 지혜가 열려 바른 생각을 하고 참 마음이 되어 진실한 삶을 살아가도록 도와주는 것이 진정한 종교가 하는 일이다.

어느 보살님께서 어느 절에 다녔는데 그곳의 스님과 보살님들의 금전거래 관계로 싸우는 것을 보고 싫어져서 그 절도 안 다니고 아예 종교를 바꾸어 버릴까, 생각한다고 말을 한다. 속은 보지 못하고 겉만 보고 이러쿵저러쿵 말이 많은 사람들은 아직 참 진리를 깨닫지 못하고 무명에서 헤매고 있기 때문이다. 세상을 사는 사람들에게서 어찌 시비가 없겠는가? 무엇 때문에 시비가 있었는지 알아차림을 하면 지혜로운 답을 얻을 수 있을 것이다.

보살님의 마음 십분 이해하며 작금의 우리 한국불교의 현실이 되어버린 모습으로 수행자가 모범을 보여야 따라가는 신도들도 따라서 배운다. 수행자들도 많이 변질되어 욕망에 매달리는 일이 비일비재하다. 아직 수행이 덜 익었기 때문인 것이다.

그렇다고 보살님이 절을 싫어할 문제는 아니라고 본다. 보살님에게는 선택할 수 있는 자유가 있다. 즉 탁한 곳에 다니기 보다는 청정한 곳에서 공부하고 수행하면 되는 것이다. 보살님이 그 탁함이 마음에 안 들어 스님에게 실망해 불교를 믿지 않고 다른 종교로 개종을 한다면 참으로 보살님에게 이익이 없는 행동이며 불법은 어느 법으로도 대신할 수 없는 진리의 법이고 변하지 않는 참법이기 때문이다.

수천억 겁 년 만에 만난 진리의 법을 그 절과 스님으로 인하여 다른 종교로 개종한다는 것은 무지한 생각이며, 부처님의 참마음을 잘 실천 수행하는 참된 수행자도 많고 재물이나 탐내고 권력이나 탐하는 속세 사람보다 못한 수행자들도 가끔 있다.

하지만 그 사람들 때문에 진리의 법이 조금은 희석될지는 모르나 정법은 언제 어디서나 태양처럼 밝게 빛나고 있다.

구름이 태양을 조금 가리고 있다고 해서 태양이 없어진 것은 아니지 않는가. 조금 지나면 구름은 정체도 없이 사라지고 밝은 태양이 우리를 따사롭게 감싸주는 것과 같이 불법도 이 태양처럼 모든 사람들에게 평등하게 나누어 주고 있음을 알아차림 하면 좋을 것이다.

보살님도 이 법문을 듣고 청정한 곳을 찾아 공부하시고 수행 잘하는 수행자나 스님 그리고 수행공동체에 참여 할 수 있는 길을 찾아 바른 수행을 하시기 바라는 마음이다. 불교를 진정으로 알고 싶으시면 초기 경전인 《아함경》과 《법구경》을 먼저 읽어보시기 바란다. 이 경전들은 사람들이 살아가는 방법을 아주 쉽게 설명을 하고 있다.

이렇게 노상법석이 끝나게 되었다. 참으로 소중한 시간을 노상에서 부처님의 법을 전하게 되어 행복했다. 인간은 언제 어디서나 대화를 통해 만남으로 성숙해 짐을 체험한 수행이었다. 이 좋은 부처님의 법을 만나 살아가는 나는 부처님의 참 마음을 전할 수 있다면 수행자로써의 삶은 평화로운 삶이 될 것이다.

무아와 부처님의 참마음

무아의 참뜻은 오분법신향(五分法身香)이고 팔정도를 수행하고 살아감이며, 오분법신의 향기는 바람을 거슬러가는 유일한 향기이다.

계향(戒香) 정향(定香) 혜향(慧香) 해탈향(解脫香) 해탈지견향(解脫知見香), 우리 중생들은 계의 향기를 뿜어내는 삶을 살아가고 신·구·의(身口意)로 맑고 깨끗하게 하면 계의 향기는 바람을 거슬러 온 누리에 퍼져 많은 사람들에게 향기를 전하여 이생에 성공과 행복한 삶을 살아갈 수 있도록 도와준다.

우리는 살아감에 정견(正見)을 가지고 살아야지 사견(邪見)을 가지고 살아가면 불선업(不善業)만 짓는 무지한 삶을 살아갈 수밖에 없는 것이

인과법칙(因果法則)인 것이다.

산을 오르려고 하면 그 오르려는 산의 정상을 확인하여 알아차림하고 나서 정상을 향해 걸어가면 된다. 사견과 무지한 사람들은 산의 정상을 보지도 않고 알지도 못하면서 막연히 그 사람의 말만 믿고 가다보면 엉뚱한 곳으로 가서 정상은 밟지도 못하고 큰 고생만하고 돌아오는 무지를 범할 수 있다.

우리 중생들의 마음은 이렇게 자기가 가야할 길에 대해 알아차림도 하지 않고서 다수의 사람들이 "이 길로 가면 산의 정상에 도달할 수 있으니 믿고 가시오." 라는 말에 속아 자신의 모든 것을 맡겨버리는 무지한 삶을 살아가고 있는 것이다.

부처님은 사성제(四聖諦)에서 분명히 확고하게 열반으로 가는 방법을(산의 정상) 알려주고 나서 그 길(사성제의 실천 및 팔정도의 수행)을 가면 반드시 산의 정상에(涅槃) 도달한다고 하셨다.

그래서 부처님은 "와서 보라, 붓다는 손안에 감추어 놓은 비밀이 없다."직접 와서 보고 확인하고 자신들이 확신이 서면 그 길을 가라." 하시고, 자신은 길을 가르쳐주는(열반의 산 정상) '길 안내자'라고 당당히 말씀하셨다.

이 얼마나 겸허한 부처님의 대자대비한 수행의 삶인가?

　　이래서 부처님은 오분법신향의 삶을 살다 가신 분이다. 부처님의 오분법신의 향기가 지금까지 사라지지 않고 우리 곁에 항상 친구처럼 속삭이고 있는 것이다. 우리가 오취온(五取蘊, 불교에서 생멸·변화하는 모든 것을 구성하는 다섯 요소를 말한다) 덩어리에서 부처님의 향기를 피울 수 있는 최상의 오분법신 향나무의 종자가 자라고 있음을 한시도 잊지 않는 삶 즉 "모든 것은 변하여 사라진다. 불방일 하고 정진하라!"는 부처님의 마지막 유훈을 이 오취온의 덩어리가 소멸될 때까지 마음 챙김 하면서 살아가야만 하는 것을 새삼 느끼게 된다.

열반으로 안내하는 팔정도 선장

우리 중생들은 자아라는 오취온에 집착하여 삶 속에서 즐거움, 쾌락, 욕망, 만족 또는 일시적인 기쁨을 만들어내려는 무지한 시도를 한다.

지금 현재는 무언가 문제가 있고 부족하다고 느끼며 주변에 재미있는 놀이들로 시간을 보내면 즐거울 것이라고 착각한다.

이러한 무지함은 행복과 기쁨을 밖에서 안으로 끌어들일 수 있다는 원리전도몽상(遠離顚倒夢想, 뒤바뀐 생각)이다. 이 전도된 몽상은 그 자체가 기쁨을 방해하는 원천이기 때문에 무지한 중생들은 결국 자신의 기쁨을 방해하는 바로 그것을 취하는 어리석은 무명(無明)에 빠지게 되는 것이다.

우리의 행주좌와 어묵동정은 조건 지어진 감각기능(根) 감각대상(境) 아는 마음(識)의 삼사화합으로 조건 지어진 환경이 어우러질 때 인연법을 만들 뿐 거기에 그 '나'라는 놈은 없는 것이다.

'자아(自我)'라는 허깨비가 있으면 반드시 그림자가 따르듯 우리는 고통이라는 그림자를 자신의 살림살이인 줄 알고 살아가는 무명 속에 함몰되어진 삶일 뿐이다.

자아의 고통친구를 진정으로 감싸 안고 어루만지며 '무상(無常)·고(苦)·무아(無我)'를 여실지견(如實知見, 대상을 있는 그대로 보는 것) 한다면 자아라는 허깨비의 그림자로 살아가는 것이 아니라 자신이 해탈 열반인이 되어 자아가 그림자 되는 환멸문(還滅門, 수행한 공덕으로 말미암아 번뇌를 끊고 생사의 고통에서 벗어나 열반으로 향하는 부문의 인과를 이른다.)으로 감로수(甘露水, 깨끗하고 시원하며 맛이 좋은 물을 비유적으로 이르는 말)를 마시며 마음 알아차림의 과실을 먹을 것이다.

무명의 자아는 미래로 시간여행을 하기 위해 발을 길게 늘이고 마음속으로 과거의 그림자가 길게 드리우고 원리전도몽상의 극장에서 "번뇌 망상이여 허공의 꽃을 따라"는 제목의 영화를 보고 있는 것이다.

찰나의 불방일한 마음 알아차림은 언제나 현재의 흐름, 즉 스쳐 지나가는 실질적인 현재, 어제에 매달리거나 내일을 희구하지도 않는

생생한 현재로 다시 말해 찰나의 순간 속에서 무상·고·무아를 불방일 하면서 팔정도를 알아차림하고 정진의 삶으로 해탈열반의 궁전으로 들어가리라!

해탈로 가는 팔정도의 선장은 자아라는 이름을 가진 것이 아니라 무아라는 이름을 가진 오온 무아선장님이며 오온 무아선장님은 불방일이라는 갑판장과 알아차림이라는 조타수와 함께 중생들을 해탈열반의 섬으로 실어다 준다.

오온 무아선장님이시여!

감사합니다.

사념처 알아차림 공부

사념처(四念處, 身(몸), 受(느낌), 心(마음), 法(법))는 석가부처님께서 직접 발견한 심신수행법이다.

수행하는 네 가지 대상. 몸을 부정한 것으로 아는 신념처(身念處), 감수(感受)하는 모든 것이 고통인 것을 아는 수념처(受念處), 마음은 무상한 것임을 아는 심념처(心念處), 법(法)은 무아(無我)인 것을 아는 법념처(法念處)를 이른다.

부처님은 세간 경에서 알아차림하며 사념처에 머무는 것에 대해 말씀하셨다. 부처님은 수행법으로 사념처의 중요성을 여러 경전에서 설법하셨다. 그 중에 특히 세간경은 사념처 수행을 세간의 경계에 비유하여 말씀하심이 재가자들이 세간에서 어떠한 알아차림으로 살아가야 하는지를 잘 설하신 경전이라고 생각한다.

그럼 시공을 넘어서 부처님의 생생한 설법의 말씀을 알아차림하며 들어보자.

부처님께서 말씀하셨다.

"내가(수행자) 만일 기름 한 방울이라도 떨어뜨리면 칼을 빼어 든 저 사람이 반드시 내 머리를 벨 것이다.

그러니 마음을 하나로 하여 생각을 기름이 든 발우에 집중하고 세상의 미인과 그 대중들 사이를 천천히 걸어 지나갈 것이요, 감히 돌아볼 엄두도 내지 말아야 한다.

그와 같이 비구들아, 만일 어떤 사문 바라문이 몸을 바로 하고 자신을 소중히 여겨, 그 마음과 생각을 하나로 해 소리나 빛깔을 돌아보지 않고, 모든 마음을 잘 거두어 잡아 몸을 관찰하는 신념처(身念處)에 머문다면 곧 이 사람은 나의 제자요, 나의 가르침을 따르는 사람이니라.

어떤 것을 비구가 몸을 바로 하고 자신을 소중히 여겨, 그 마음과 생각을 하나로 해 소리나 빛깔을 돌아보지 않고 모든 마음을 거두어 잡아 몸을 관찰하는 신념처에 머무는 것이라 하는가?

비구여, 잘 들어라. 몸을 몸 그대로 관찰하는 생각에 머물러 방편으로 꾸준히 힘써 바른 지혜와 바른 기억으로 세간의 탐욕과 근심을 항복 받아야 하고, 느낌·마음도 마찬가지며, 법을 법 그대로 관찰하는 생각에 머무는 것도 그와 같나니, 이것을 비구가 몸을 바로 하고 자신을 소중히 여겨, 그 마음과 생각을 하나로 하여 소리나 빛깔을 돌아보지 않고 마음을 잘 거두어 사념처에 머무는 것이라 하느니라.”

우리는 세간에서 살아가면서 수많은 유혹에 노출되어 살고 있으나 마음 알아차림을 잃어버리고 탐·진·치 불선법에 물들어 살아갈 때가 더 많다.

재가자님들은 사회적인 활동으로 인하여 수많은 사람들을 만남으로 불선업의 인연이 생기기도 하고 선업의 인연이 생기기도 한다.

그 중에서도 이성에 대한 인연법이 대부분 불선업으로 나타나 많은 사람들을 힘들게 하고 고통 속에서 살아가는 결과를 초래하며 이성으로 인한 유혹에서 벗어나는 법을 부처님은 이 경에서 강조하고 있다.

즉 이성으로 인한 불선법은 죽음을 감수하는 것이라고 말씀하시는 것이 세간의 아름다운 것들, 즉 미인, 음식, 화려한 옷, 좋은 차 등등 욕망이 발동되어 탐욕이 일어나는 것들이 우리의 알아차림을 흩트려

놓는다는 것을 부처님은 분명히 아시고 비유로써 발우에 기름을 가득 채워서 미인들이 있는 길로 가 보라고 하시면서 만약 기름을 한 방울이라고 흘린다면 수행자를 따라다니던 칼 쓰는 사람이 칼로 베어버린다고 하였다.

이 상황이 자기에게 닥친다면 어떻게 행동해야 하는지는 정해진 것 같다.

만에 하나 방일하여서 기름 한 방울이 떨어진다면 그 자리에서 죽게 되는 것이다.

재가사들이 출가한 수행사들보다는 이러한 유혹의 상황에 훨씬 더 많이 노출되어 있어 이성에 대해 아난의 질문에 부처님은 웬만하면 피하는 것이 상책이라고 말씀하셨다.

피할 수 없는 상황에서는 철저하게 알아차림을 하라고 당부하셨고, 출가 수행자도 이성에 대해 철저하게 마음 알아차림을 놓치지 말고 알아차림 하면 수행의 삶을 살아가야 할 것이다.

요즈음의 세상은 부처님이 살았던 시절하고 많이 다르다.

특히 우리 한국불교는 대승불교를 추구하기 때문에 수많은 불자님들과 접하면서 살아가는 환경에 처해 있어 이런 환경적인 조건에서 수행을 잘하기가 힘든 것은 사실이지만 재가자나 출가 수행자나 불제자가 되었으면 부처님의 참법에 따라 공부하고 참다운 수행을 하는 것이 불법을 그르치지 않는 것이라고 할 수 있다.

불법의 수행은 시대를 뛰어 넘어 그 시대의 조건 지어진 환경에서도 부처님의 법을 잘 이해하고 받아들여 자신의 환경에서 최대한 정진하여 수행하는 것이 가장 중요하다고 할 수 있다. 또한 그 수행의 조건 지어진 환경도 중요한 요소겠지만 어떠한 상황 속에서도 알아차림을 놓치지 않고 정진하는 수행자의 마음가짐이 가장 중요하다고 할 수 있을 것이다.

재가자들이 수많은 유혹의 조건 지어진 상황에서 알아차림이 잘 안 될 확률은 더 많지만 각도를 달리해서 알아차림 한다면 더 많은 조건 지어진 환경이 자신에게 알아차림 공부가 잘 되고 있는가 안 되고 있는가를 확실하게 검증해주는 좋은 스승이 될 수도 있겠다.

지금 시대의 재가자들이 경제적으로 많이 여유로워 자신을 위해 투자할 시간이 많아져 더 없이 좋은 환경이라고 할 수 있다. 여기저기 찾아다니며 즐기는데 시간을 헛되이 보내지 않는다면 말이다.

시장바닥에서 동요되지 않고 알아차림이 되어야 진정한 도인이라고 했다.

산중에서 열심히 수행을 하고 하산해서 시장바닥에서 그 시끄러움에 동요되어 번뇌 망상이 일어나 못 참고 다시 산속으로 들어가는 수행자들이 많은 것을 보면 아직 덜 익은 감이라고 할 수 있다.

　진정 수행이 잘 된 수행자는 언제 어디서나 무상·고·무아의 사념처 수행이 잘 되어 알아차림이 흔들리지 않아 중심이 흔들리는 법이 없이 사람들과의 관계를 유지하며 부처님의 법을 전하는 수행자의 삶을 살아갈 수 있는 것이다.

재가자들의 열여섯 가지 편한 법 

재가자(선명가 님)들이 수행하면서 갖추어야 할 일과 열여섯 가지를 성취하면 자신도 편하고 남도 편하게 하는 법이 있다고 부처님이 말씀하셨다.

《잡아함경(雜阿含經)》929.《일체사경(一切事經)》에서 부처님은 자상하고 인자하게 시설해 주셨다.

첫 번째로 사띠마님들이 갖추어야 할 원만한 일에 대해 부처님 말씀을 들어보자.

마하남이 부처님께 아뢰었다.

"세존이시여, 어떤 것을 모든 우바새의 일을 원만히 갖춘 것이라고 합니까?

부처님께서 마하남에게 말씀하셨다.

"만일 우바새(출가하지 않고 불제자가 된 남자)로서 믿음이 있고 계가 없으면 그것은 원만하게 갖추지 못한 것이니, 마땅히 열심히 방편을 써서 깨끗한 계를 원만하게 갖추어야 한다. 그러나 믿음과 계를 원만하게 갖추었을지라도 보시하지 않으면 그것도 또한 원만하게 갖추지 못한 것이니, 원만하게 갖추지 못하였기 때문에 열심히 방편을 써서 보시를 닦아 익혀 그러한 것들을 원만하게 갖추어야 하느니라.

믿음과 계와 보시를 원만하게 갖추었을지라도 수시로 사문에게 나아가 바른 법을 듣지 않으면 그것도 또한 원만하게 갖추지 못한 것이다. 원만하게 갖추지 못하였기 때문에 열심히 방편을 써서 수시로 절(塔寺)에 나아가 여러 사문을 뵙더라도, 일심으로 바른 법을 듣고 받지 않으면, 그것도 원만하게 갖추지 못한 것이다. 그러므로 믿음·계·보시·들음을 닦아 익혀 원만하게 갖추어야 한다.

그러나 듣고도 지니지 않으면 그것도 원만하게 갖추지 못한 것이다. 원만하게 갖추지 못하였기 때문에 열심히 방편을 써서 수시로 사문에게 나아가 전일한 마음으로 법을 듣고, 듣고 나서는 잘 지녀야 한다.

그러나 그 법의 깊은 뜻을 관찰하지 못하면 그것도 또한 원만하게
갖추지 못한 것이다. 원만하게 갖추지 못하였기 때문에 열심히 방편
을 써서 믿음·계·보시·들음을 닦아야 한다.

들고 나서는 지녀야 하고 지니고 나서는 매우 깊고 묘한 뜻을 이해
해야 한다. 그러나 법을 따르고 법으로 향해 수순(隨順)할 줄을 알지 못
하면 그것도 또한 원만하게 갖추지 못한 것이다. 원만하게 갖추지 못
하였기 때문에 열심히 방편을 써서 믿음·계·보시·들음을 닦고 받
아 지녀 관찰하여 깊은 이치를 분명하게 깨달아 법을 따르고 법으로
향해 수순하여 행해야 한다.

마하남아, 이것을 모든 우바새의 일을 원만히 갖춘 것이라고 하느
니라.”

두 번째로 어떤 것이 사띠마님들이 자신은 편안하지만 다른 사람
은 편안하지 못한 것인가?

“세존이시여, 어떤 것을 우바새가 제 자신은 편안하게 하나, 다른
사람은 편안하지 못하는 것이라고 합니까?”

부처님께서 마하남에게 말씀하셨다.

1. 자기 자신은 계를 확고히 하지만, 다른 사람에게 권하여 바른 계
   를 확고하게 하지 못한다.

2. 자기 자신은 청정한 계를 지니지만, 다른 사람에게 권하여 계를
   원만하게 지니게 하지 못한다.

3. 자기 자신은 보시를 행하지만, 다른 사람에게 권하여 보시하게
   하지는 못한다.

4. 자기 자신은 절에 나아가 사문을 뵙지만, 다른 사람에게 권하여
   절에 나아가 사문을 뵙도록 하지는 못한다.

5. 자기 자신은 전일(專一)하게 법을 듣지만, 다른 사람에게 권해서
   바라는 법을 즐겨 듣게 하지는 못한다.

6. 자기 자신은 법을 듣고 지니지만, 다른 사람에게 권하여 바른 법
   을 받아 지니게 하지는 못한다.

7. 자기 자신은 매우 깊고 묘한 이치를 관찰하지만, 다른 사람에게
   권해서 심오한 이치를 관찰하게 하지는 못한다.

8. 자기 자신은 깊은 법을 알아 법을 따르고 법을 향해 수순하여 행
   하지만, 다른 사람에게 권하여 법을 따르고 법을 향해 수순하여
   행하게 하지는 못한다.

　마하남아, 이러한 여덟 가지 법을 성취하면, 이것을 우바새가 제 자신은 편안하나 다른 사람에게 권하여 편안하게 하지는 못하는 것이라고 하느니라."

　세 번째로 선명가 님들이 열여섯 가지를 성취하면 자신도 편하고 남도 편하게 하는 법에 관하여 부처님 말씀을 들어 보자.

　마하남이 부처님께 아뢰었다.
　"세존이시여, 우바새가 몇 가지 법을 성취해야 자신도 편안하고 다른 사람도 편안하게 합니까?"
　부처님께서 마하남에게 말씀하셨다.
　"만일 우바새가 열여섯 가지 법을 성취하면 이것을 우바새가 제 자신도 편안하고 다른 사람도 편안하게 하는 것이니라.
　어떤 것이 그 열여섯 가지인가?

　　1. 마하남아, 바른 믿음을 원만하게 갖추어야 한다.
　　2. 그것을 다른 사람에게 믿음을 건립하게 한다.
　　3. 자기 자신도 깨끗한 계를 지키며 살아야 한다.
　　4. 깨끗한 계를 다른 사람에게도 건립하게 한다.

5. 자기 자신도 보시를 행하며 살아야 한다.

6. 다른 사람에게도 보시를 행하게 한다.

7. 자기 자신도 절에 나아가 모든 사문을 뵙고 법문을 들어야 한다.

8. 다른 사람도 절에 가서 사문을 뵙고 법문을 듣게 한다.

9. 자기 자신도 전일한 마음으로 법을 들어야 한다.

10. 다른 사람에게도 또한 법을 듣게 한다.

11. 자기 자신도 법을 받아 지니고 행한다.

12. 다른 사람에게도 받아 지니게 하고 행하도록 한다.

13. 자기 자신도 이치를 관찰하고 불방일하도록 한다.

14. 다른 사람에게도 관찰하게 하고 불방일하도록 한다.

15. 자기 자신도 깊은 뜻을 깨달아 법을 따르고 법을 향해 수순하여 닦아 행한다.

16. 다른 사람에게도 깊은 뜻을 깨달아 법을 따르고 법을 향해 수순하여 닦아 행하게 한다.

마하남아, 이와 같은 열여섯 가지 법을 성취하면 우바새가 자기 자신도 편안하고 다른 사람도 편안하게 하는 것이라고 하느니라.

마하남아, 만일 우바새가 이와 같은 열여섯 가지 법을 성취하면 저 대중들이 다 그에게 모일 것이요, 그 대중 가운데서 위엄과 덕망이 환하게 빛날 것이다.

비유하면 마치 태양은 처음 떠오를 때나 중간이나 마지막에 질 때도 그 광명이 밝게 빛나는 것처럼, 우바새가 열여섯 가지 법을 성취하면 그 사람도 처음이나 중간이나 마지막까지 위엄과 덕망이 밝게 빛날 것이다.

마하남아, 이와 같이 열여섯 가지 법을 다 성취한 우바새는 세간에 그리 흔하지 않느니라.

신행생활과 수행생활을 어떻게 해야 할지 여실지견하고 명확하게 가르쳐 주시는 법문이다.

마하남아! 우바새 우바이가 부처님에게 이렇게 신행하고 성취하면 죽어서 어디에 날 것인가를 묻는 《잡아함경(雜阿含經)》 930.《자공경(自恐經)》에서 부처님이 마하남의 질문에 대해 답하는 말씀을 불방일하며 경청해 보자.

세존이시여, 이 가비라위국은 안온하고 풍요롭고 살기가 좋아서 백성들이 많습니다. 제가 출입할 때마다 많은 대중들이 좌우에 죽 늘어서서 뒤를 따르고 미친 코끼리, 미친 사람, 미친 수레도 항상 우리를 따르고 있습니다.

그래서 저는 이 미친 것들과 살고 죽음을 함께 하다보면 부처님을 생각하고 법을 생각하고 스님들을 생각하는 것을 잊게 될까 두려워하고 있습니다.

또 저는 '내가 죽은 뒤에는 장차 어디에 가서 태어날 것인가?' 하고 스스로 생각해보기도 합니다.

부처님께서 마하남에게 말씀하셨다.

"두려워하지도 말고 무서워하지도 말라.

너는 목숨을 마친 뒤에 나쁜 곳에 태어나지 않을 것이요, 끝끝내 나쁜 일이 없을 것이나.

비유하면 마치 큰 나무가 밑으로 가지를 내려뜨리고 있으며 어느 한쪽으로 쏠리는 곳과 기우는 곳이 있다고 하자, 만일 그 밑둥을 부분을 베면 어디로 넘어지겠느냐?"

마하남이 부처님께 아뢰었다.

그 나무는 본래 향하고 있던 곳이든지, 아니면 쏠리는 곳이나 기울고 있던 곳으로 넘어질 것입니다.

부처님께서 마하남에게 말씀하셨다.

"너도 그와 같아서, 목숨을 마친 뒤에도 나쁜 곳에 태어나지 않을 것이요, 끝끝내 나쁜 일이 없을 것이다.

왜냐하면 너는 오랫동안 부처를 생각하고 법을 생각하고 스님들을 생각하기를 닦고 익혀왔기 때문이다.

가령 목숨을 마치고 나서 그 몸이 불에 태워지거나 묘지에 버려져서 오랫동안 바람에 불리고 햇볕에 쪼여 마침내 가루가 된다, 하더라도 심(心) 의(意) 식(識)이 오랜 세월 동안 바른 믿음에 훈습(薰習)되었고, 계·보시·들음·지혜에 훈습되었기 때문에, 그 신식(神識)은 위로 올라가 안락한 곳으로 향해 갈 것이요, 미래에는 천상(天上)에 태어나게 될 것이다."

그때 마하남은 부처님의 말씀을 듣고 기뻐하면서 예배하고 떠나갔다.

우리 수행자님들이시여! 부디 이 생에 선근 공덕을 지으시고 보리를 이루시어 해탈열반의 언덕으로 가시길 마음 알아차림 합시다.

교만함을 질책하시다

　형제 친인척들과 인간관계를 유지하고 살아오지만 이웃사촌보다 못하다는 말을 많이 하고 산다.

　가까이 있는 사람들이라 소중함을 더 모르고 시기질투도 심하여 형제간에 우애가 좋은 경우를 찾아보기가 쉽지 않은 것 같다. 더구나 경제가 풍족해지고 돈에 노예가 되어 사는 사람들이 많아지다 보니 돈 앞에 형제 부모도 저버리는 파렴치한이 많아졌다.

　부처님 시대에도 사촌동생들이 많이 출가해서 수행생활을 했지만 사촌동생들이 부처님의 후광을 얻고서 교만하고 수행도 열심히 하지 않아 부처님이 잘 타일러 수행을 잘 할 수 있도록 하는 장면을 여러

곳에서 말하고 있다.

부처님의 시대에도 친인척의 교만과 배신이 있어 왔다.

우리는 부처님이 친인척을 어떻게 대처하는지 알아차림 해보자.

부처님께서 친척인 저사에게 말씀하셨다.

"너는 정말로 '나는 세존의 고모의 아들로서, 세존과는 사촌형제 사이가 된다.

그러므로 그 누구를 공경할 것도 없고 거리낄 것도 없으며, 두려워 할 것도 없고 충고를 인내하며 들을 필요도 없다'고 생각하였느냐?"

저사가 부처님께 아뢰었다.

"정말로 그런 생각을 하였습니다."

부처님께서 저사(부처님고모의 아들로서 형제 뻘이 된다)에게 말씀하셨다.

"너는 마땅히 그렇게 생각해서는 안 된다.

너는 마땅히 '나는 곧 세존의 고모의 아들로서 세존과는 사촌형제 사이가 된다.

그러므로 그 누구라도 공경해야 하고, 그 무엇이라도 두려워해야 하며, 어떤 충고든지 인내하며 들어야 한다'고 생각하여야 한다."

부처님은 인간적으로 사촌형제들과 친인척이 많이 출가하여 다음 생은 태어나지 않는 열반을 이루기를 진정으로 알아차림 하시며 동생들이 부처님의 후광을 믿고 안이하고 교만하고 방자함을 잘 타일러 수행을 잘 할 수 있도록 알아차림을 하셨다.

물론 끝까지 부처님을 시기하고 질투하고 죽이려고 한 사촌동생 데와닫다의 배신을 어떻게 하지 못하시는 아픔도 겪으셨다.

데와닫다가 왕에게 많은 공양을 받는 것을 수행자들이 와서 말하자 부처님은 비유법으로 데와닫다의 인과응보법칙에 따라 과보를 받게 됨을 설하시었다.

부처님께서 모든 비구들에게 말씀하셨다. "너희들은 그 데와닫다가 많은 공양을 얻는다고 찬양하지 말라. 왜냐하면, 그 데와닫다가 따로 공양을 받으면 현세(現世)에서도 제 자신이 망할 것이요, 후세(後世)에서도 망할 것이기 때문이니라. 비유하면 파초나 대나무나 갈대는 열매를 맺으면 곧 죽고, 이듬해에도 다시는 살아나지 못하는 것처럼, 데와닫다도 따로 공양을 받으면 현세에서도 망하고 후세에서도 망할 것이다. 비유하면 노새가 새끼를 가지면 반드시 죽는 것처럼, 데와닫다도 그러한 온갖 공양을 받으면 현세에서도 망하고 후세에서도 망할 것이다. 저 어리석은 데와닫다는 얼마동안 그 이익을 받겠지만, 반드시 오랜 세월 동안 이익이 없는 괴로움을 받을 것이다. 그러므로 모든 비구들아, 너희들은 마땅히 '비록 내게 이익이 있더라도 거기에 물들거나 집착하지 말아야 한다.'고 배워야 하느니라."

그때 세존께서 곧 게송을 설하셨다.

파초는 열매를 맺으면 곧 죽고 대나무와 갈대도 또한 열매 맺고는 죽는다. 노새는 새끼를 가지면 반드시 죽고 사람은 탐하다가 스스로 망한다.

옳지 않은 짓을 항상 행하면 어리석음을 면하지 못함을 알라. 착한 법은 날마다 줄어들어서 줄기도 마르고 뿌리도 상하리라.

불교는 중도 실천의 삶이다

우리는 중도로써 살아가기가 참 어렵다. 중도란 쾌락도 아니고 고행도 아니다. 부처님께서는 바라문들이 욕설과 침 뱉음 그리고 왕과 제자들의 최고의 칭송에도 완전한 평온상태에서 침묵으로 일관했다.

그 어떤 소리에도 놀라지 않는 사자처럼 상대방의 말들에 흔들려서는 안 된다.

그리고 부처님께서는 "이러한 삶의 변천 가운데서 단단한 바위처럼 움직이지 않고 서서 완전한 평온을 얻은 자는 지혜로운 자이다."라고 말씀해 주셨다.

그리고 중도적 마음 알아차림의 좋은 가르침을 우리들에게 전해

발우공양 중 공양을 받아 감사의 마음을 머리에 정대함

주셨다.

"대꾸하지 마라. 다른 사람들에게서 비난을 들을 때는 깨진 종처럼 침묵해라 만약 네가 그렇게 한다면 나는 네가 비록 아직 열반에 이르지 않았지만 이미 열반에 이르렀다고 생각한다."

일상생활에서 시기와 질투 그리고 비난 속에 노출되어 수많은 괴로움을 참고 인내하며 억눌러 놓고 살아간다. 하지만 이렇게 참고 억눌러놓는다고 괴로움이 해결되지는 않는다.

부처님 말씀처럼 비난 속에서 깨진 종처럼 그리고 자신이 무아인 줄 안다면 그 어떤 소리에도 놀라지 않는 사자처럼 살아살 수 있다.

우리들은 어떠한 소리를 들으면 자아와 자존심이 들기 때문에 바로 반응하여 성냄을 일으키면서 어리석음을 자초하는 삶을 살아간다.

이렇게 성내고 어리석어지면 그것이 업을 생성시켜 고통스러운 윤회의 삶으로 재생하는 것처럼 중도란 비난에도 걸리지 않고 칭찬의 그물에 걸리지 않는 바람처럼 무소의 뿔처럼 혼자서 걸어가는 실천적인 삶이다.

중도를 잘 알아차림 하여 날마다 평온한 삶을 살아가시길….

초기불교에서 말하는 청정비구란

불교에서는 청정비구란 말을 하고 있다.

첫째, 불교에서 말하는 청정이란 무엇인가?

안(眼)·이(耳)·비(鼻)·설(舌)·신(身)·의(意) 여섯 감각기관이 색(色)·성(聲)·향(香)·미(味)·촉(觸)·법(法)인 여섯 가지 감각 대상과 조건 지어진 인연이 지어질 때 번뇌 망상이 생기지 않도록 있는 그대로 대상을 알아차리는 것을 '여실지견'이라고 한다.

그러나 우리들은 다섯 가지 장애 즉 감각적 욕망, 악의, 혼침, 들뜸과 후회, 그리고 회의적인 의심이 감각기관과 감각대상을 번뇌 망상으로 물들여 청정하지 못하도록 하는 것이다.

다섯 가지 장애에 물들어 살아가는 사람을 청정하지 못한 사람이라고 하고 다섯 가지 장애가 없는 사람을 청정한 사람이라고 한다.

둘째, 비구란 무슨 뜻인가?

스리랑카를 위시한 남방 상좌부 불교전통에서는 빅쿠를 두려움을 뜻하는 바야(bhaya)와 본다는 의미를 가진 익쿠(ikkhu)로 분해해서 이 둘의 합성으로 풀이했다고 한다.

그래서 전통 상좌부 입장에서 본 빅쿠는 '거지'가 아니고 '윤회에서 두려움을 보는 자'라고 풀이하고 있다.

빨리—영어사전(PTS)에 《청정도론》에서 "Saṃsāre bhayaṃ ikkhati ti bikkhu", 즉 "윤회에서 두려움을 보기 때문에 빅쿠이다."라고 설명되어 있다.

남방불교인 상좌부 불교에서 말하는 빅쿠는 좁은 의미의 출가자에서, 윤회에서 두려움을 느끼고 불도에 전념하는 넓은 의미의 수행자 모두를 지칭한다고 할 수 있다.

우리가 생각하는 비구의 개념이 이렇게 다를 수 있으니 정확한 언어를 이해함이 중요하다. 정리하면 청정비구란 우리가 지금까지 생각했던 독신스님을 지칭하는 것이 아니라 다섯 가지 장애에 걸림 없이

행주좌와 어묵동정에 알아차림이 있는 모든 수행자들 즉 사람들을 청정비구라 할 수 있을 것이다.

어떠한 사람이든 다섯 가지 장애의 덫에 걸리지 않고 연기법과 사성제 그리고 팔정도를 닦아가면서 자비심으로 실천행을 하는 사람들과 수행자들을 청정한 비구라 할 수 있다.

관자재의 바른뜻

대승불교에서는 항상 염송하는 《반야심경》 내용에 '관자재보살'이 나온다.

'관자재보살'이란 뜻이 문득 이해가 되어 풀이하면 관(觀)은 볼 관자로 지관수행법 중에 관법수행으로 위빠사나 수행을 말하는데 다시 말하면 사띠수행, 알아차림 수행을 말함이다.

그리고 자재(自在)는 모든 곳에서 상에 걸림 없는 자유스러운 마음을 말하며, 또한 보살은 모든 중생들을 위해 자비심을 실천에 옮기며 수행 정진하는 수행자를 말한다.

정리하면 관자재보살은 위빠사나 수행자가 사띠 수행, 즉 행주좌

와 어묵동정에서 알아차림으로 아무런 걸림이 없는 자재한 자비의 수
행자를 말하는 것이다.

관자재보살님에게 무엇인가를 바라고 가피력을 바라는 마음은
불자들이 갖추어야 할 가장 기본적인 불교의 핵심인 연기법을 저버리
는 행위가 되는 것이다.

불교는 앞에서도 누누이 말했지만 어떤 초월적인 존재가 우리에
게 무엇을 들어주는 것이 아니고 원인과 결과의 법칙일 뿐이다.

자신이 심은 씨앗을 자신이 열매를 거두는 진리를 거부할 수 없는
것이다. 우리도 사띠 수행, 즉 알아차림의 수행을 일상생활에서 실천
하고 살아가면서 관자재보살의 화신으로 우리 마음 안에 관자재보살
의 원력이 있어 일상생활 속에서 알아차림 수행으로 관자재보살의 삶
을 살아가는 수행자로 살아야 한다.

법문을 통한 알아차림

　　부처님의 가르침 중에 정수라고 할 만한 법문을 알아차림 하고자 한다. '바히야 다루치야'에게 가르침을 준 짧은 법문은 알아차림의 분명한 앎을 이해할 수 있는 시간이 될 것이며, 이 짧은 법문을 듣는 순간 바히야는 해탈을 얻었다고 한다.

　　《자설경》 안에 〈보리품〉이라는 품이 있고 《바히야경》이 있는데 그 경 속에 열반의 세계에 대한 언급이 있다.

　　'바히야 다루치아'에게 자상하게 일러주신 법문을 보면 다음과 같다.

바히야, 그대는 스스로 이렇게 수행해야만 한다.

볼 때는 거기 오직 봄만이 있어야 한다.

들을 때는 거기 오직 들음만 있어야 한다.

지각할 때는 거기 오직 지각함만이 있어야 한다.

인지할 때는 거기 오직 인지함만이 있어야 한다.

이것이 그대가 자신을 수행해야 하는 방법이다.

볼 때는 거기 오직 봄만이, 들을 때는 거기 오직 들음만이,

지각할 때는 거기 오직 지각함만이, 인지 할 때는 거기 오직 인지함

만이.

그러면, 바히야.

그대는 '그것들'로 취급되지 않을 것이다.

'그것들'로 취급되지 않을 때, 그대는 '그것들에 속하지' 않을 것이다.

'그것들'에 속하지 않음으로써, 그대는 '여기'에도 '저기'에도

'그 중간'에도 속하지 않을 것이다.

바로 이 자체가 고통의 끝이다."

알아차림의 수행에서 여실지견의 마음 즉, 있는 그대로를 보는 것이

시시분별을 넘어선 해탈의 마음이 되는 것이다.

있는 그대로 보라

중생없이 어찌 출가자가 있을 것이며, 부처를 이루어 무엇을 하고자 하는가? 연기의 법을 이해하지 않고 어찌 중생과 출가자가 둘이라고 알음알이를 낸단 말인가? 부처님이 맨발로 걸식하시며 전법유행을 하신 수행의 역사를 마음 알아차림 한다면 어찌 출가자와 재가자가 둘이라 할 수 있으리오. 다 함께 열반의 언덕으로 가는 반야선을 타고 가는 것이거늘, 출가자는 반야선의 노 젖는 역할을 해야 하는 것이다. 부처님은 열반으로 가는 길을 안내하는 안내자라고 하였다. 출가자는 재가자들을 위해 살아가는 삶을 살아감으로써 밥값을 하는 것이다. 밥값도 못하면서 좋은 밥 나쁜 밥 가려 얻어먹으려 하는 자는 누구인가? 괴로움과 고통이 축복과 은총의 삶이다. 우리는 괴로움의 고통 속에서 살아가고 있다. 그래서 괴로움에서 벗어나려고 발버둥 치며 살아가고 괴로움과 고통이 많으면 많을수록 벗어나려고 더욱 더 노력을 한다. 괴로움과 고통을 벗어나는 방법은 괴로움과 고통을 없애려하지 말고 다만 그 괴로움과 고통을 그대로 알아차림만 하면 되고. 괴로움과 고통자체는 그냥 대상의 일어남 정도로 이해하고 알아차리면 된다. 원인이 있기 때문에 결과가 있는 것처럼 괴로움과 고통의 원인이 있기 때문에 일어났다가 사라져가는 것일 뿐이다.

'여실지견 있는 그대로 본다는 말이다. 여실지견은 부처님이 발견하시어 우리에게 알려주신 진리의 법칙인 삼특상 무상·고·무아를 이해하는 것이며 모든 것은 변한다가 진리의 법칙이다. 우리가 존재하는 것은 괴로움과 고통의 연속으로 괴로움과 고통을 해결할 그 어떤 것 "자아"가 없기 때문에 우리는 "무아"인 것이다.

우리는 사대로써 즉 지·수·화·풍의 네 가지요소로 구성되어진 것에 불과하다. 그래서 사람이나 존재가 없다는 것을 알아차림 할 때 우리는 '유신견'에 집착하지 않을 것이다.

이 세상은 여섯 가지 감각기관(안, 이, 비, 설, 신, 의)으로 들어오는 정보를 어떻게 알아차리는가에 달렸다. 원인과 결과 즉 인과의 법칙에 따라 일상생활은 일어났다 사라지는 흐름의 과정이다. 자신이 지은대로 받고 살아가고 있는 것뿐이다. 이렇게 일어났다 사라지는 모든 것들의 배후에는 절대적인 힘을 가진 자에 움직이는 것이 아니라 그것은 단지 조건 지어진 원인에 의하여 일어났다가 조건 지어진 원인이 다 하면 사라지는 것일 뿐이다. 또한 이런 조건 지어짐은 일정한 질서를 가지고 일어났다 사라지는 것으로 이와 같이 알아차림 하는 것이 인식과정을 통한 진정한 있는 그대로의 봄 여실지견이다. 고통과 괴로움을 회피 하지 말자. 고통과 괴로움은 반드시 원인이 있기 때문에 생기는 것이고 탐ㆍ진ㆍ치 삼독이라는 원인이 있기 때문에 고통과 괴로움이라는 결과가 나타나는 것이다. 고통과 괴로움을 원인과 결과의 법칙에 따라 알아차리면 지혜가 생겨나는 것이며 고통과 괴로움을 알아차리지 못하면 우리는 건전한 삶을 살기 위해 노력하지 않을 것이다. 고통과 괴로움의 역경은 우리에게 지혜를 깨닫게 하고 동시에 축복과 은총의 평온한 삶을 살게 하는 원동력이 된다. 고통과 괴로움은 한 순간 일어났다 사라지는 무상한 느낌에 불과한 것이다.

 불행도 행복이다

자신이 불행하다고 불평만 늘어놓지 말고 자신의 삶을 행복으로 바꿀 수 있는 방법을 찾아 열심히 정진한다면 불행을 행복으로 바꾸어 평화스러운 삶을 살아갈 수 있다. 그 행복으로 가는 문의 열쇠를 밖에서 찾으려고 하지 마라. 행복으로 가는 문의 열쇠는 지금 이 순간 자신의 마음 알아차림에 있다. 알아차림으로 깨어있는 지금 이 순간을 살아가면 모든 것이 좋아진다. 이것이 부처님의 가피이고, 기적이고, 축복과 은총의 시간이 되는 것이다. 밖에서 찾지 말고 자신의 몸과 마음에서 행복으로 가는 문의 열쇠인 마음을 잘 알아차림하여 건강하고 행복한 삶을 살아가길 바란다.

부처님의 경전에서는 처음에 만나면 인사말로 서로에게 좋은 말을 건네는 내용들이 많이 나온다. 말이란 우리가 살아가는데 아주 중요한 자리를 차지하고 있다. 그 중에서도 특히 이간질하는 말은 다른 사람에게 커다란 상처를 남긴다. 그래서 경전에서는 이간질하는 사람은 사악도에 떨어진다고 했다. 우리는 신·구·의 삼업을 잘 알아차리면서 일상생활에서 지금 자신이 침묵하는 지를 알아차리고, 말을 하면서 말을 하고 있는지를 알아차림하고, 행동을 하면서 행동을 하는 몸과 마음을 알아차림 하는 것이 업을 쌓지 않고 지금 이 순간 행복한 삶을 실천하고 살아가는 것이다.

과거의 고통 속에서 허우적거리며 살지 말고 과거는 이미 지나간 강물과 같다고 생각하면 같은 강물에 두 번 발을 담글 수 없듯이 지난 과거도 돌이킬 수 없는 것이다. 우리들의 아픔과 상처는 이미 지나가 버린 과거이다. 그런데 다만 우리가 기억을 함으로써 지금 고통을 받는 것처럼 느낄 뿐이다. 우리의 마음은 항상 새로운 마음이 와서 전에 있던 마음은 사라지고 없는 것이다. 과거는 기억일 뿐이며, 관념이고, 꿈과 같은 것으로 현재 지금 이 순간을 알아차림하며 살아감이 행복이라고 할 수 있다.

우리는 살아가면서 아직 일어나지도 않은 미래의 일들을 걱정하면서 살아가고 있다. 막상 별것도 아닌 일들을 가지고 집착하고 고민하면서 마음을 괴롭히고 있다. 걱정과 고민은 자신의 마음에 있는 것이고 원인은 탐욕과 성냄 그리고 어리석음에 있는 것이다. 자신의 욕망이 채워지지 않기 때문에 성내고 어리석어지며 자아가 있다는 유신견에 집착할 때 모든 문제가 일어나는 것이다. 일상생활 속에서 항상 자신이 오온의 조건 지어짐 속에서 느낌을 인식하고, 그리고 의도를 통해 업이 행위를 하는 것일 뿐이라는 "조건 지어진 형성력에 의한 연기법의 인연이라는 것" 즉 '무아'라는 것을 알아차림 하는 것이 중요하다. 자신의 잘못은 보지 못하고 남의 잘못만을 비난하고 화를 낸다. 똥 묻은 개가 재 묻은 개에게 나무란다는 말이 있듯이 이렇게 화를 내는 자신의 마음을 불선심인 줄 알아차림 하는 것이 중요하며 남의 잘못을 비난하고 화내는 것이 잘못이라는 것 알아차림 해야 할 것이다. 남의 잘못을 있는 그대로 아! 저 사람은 저렇구나 하고 바라보면서 분별심을 내지 않아야 탐욕에서 벗어나는 길이다. 남의 잘못과 잘함을 보고서 잘잘못을 시시분별하려고 하는 마음의 작용을 알아차리고 분명히 알려고 마음 알아차림 하는 사띠 수행이 관용과 자애 그리고 지혜로운 삶을 살아가게 만든다.

일을 하면서 사람과의 관계 속에서 감정적으로 일들을 처리하지 말자. 일은 일일뿐 사람과의 일이 아니고 일의 본질에 집중하는 것이 진실을 행하는 것이다. 감정적으로 드러난 것에 얽매여 일처리를 하면 번뇌 망상에 놀아나는 것이며 중도의 마음으로 실재하는 것을 알아차리면 보는 자와 보이는 대상을 분리해서 보기 때문에 걸림이 없는 삶을 살아가는 것이 된다. 감정은 번뇌의 늪에 빠져 허우적거리는 것과 같다. 발버둥 치면 칠수록 번뇌의 깊은 수렁 속으로 깊이 빠져들어 갈 뿐이다. 화의 원인은 탐욕 때문에 생기며 상대방이 나에게 화를 낼 때 깨진 종처럼 반응하면 된다. 상대가 화를 낼 때 온전한 종처럼 반응한다면 자신도 아만심과 탐욕이 강하기 때문에 맞대응을 하게 되면 화의 원인은 탐욕이 도사리고 있어 더 큰 화를 불러오게 된다. 또한 탐욕의 밑바탕에는 어리석음이 깔려있으므로 어리석음은 불선업을 쌓아가는 지름길이다. 다시 말하면 어리석음은 무명 속에 가려져 있어 수행을 통해 무명에서 벗어나야 한다. 무명을 지혜로 바꾸는 사띠 수행을 실천해야만 화를 극복하고 평화스러운 삶을 살아간다. 화의 원인은 탐욕이고 탐욕의 원인은 어리석음이며 어리석음의 원인은 무명이다. 무명을 지혜로 바꾸는 삶으로서, 알아차림 함으로 현재를 살아간다면 번뇌의 수렁 속에서 벗어나 해탈의 자유로운 삶을 살아갈 수 있을 것이다.

집착을 버려라

불교의 수행은 어떠한 것일까?

불교의 수행은 본질적으로 스스로 몸과 마음을 알아차리는 수행이며 스스로의 실천과 노력을 통하여 깨달음에 이를 수 있다고 부처님께서 말씀하셨다. 열반에 들기 직전 제자들에게 "모든 것은 변한다. 부디 방일하지 말고 정진하라"는 부처님의 마지막 불방일에 대한 마음 알아차림의 당부도 이러한 불교적 실천, 수행의 성격을 잘 나타내 보여 주셨다. 부처님은 깨달음을 얻으시고 한시도 마음을 방일하지 않고 사띠 수행과 전법의 길을 가면서 중생과 함께하는 실천불교의 완성을 이루었다. 부처님이 인간으로 태어나서 인간으로써 완성의 삶을 살아가신 것은 감각적 욕망, 악의, 성냄, 나태, 혼침, 들뜸, 후회, 회의적의심이 다섯 가지 장애가 우리들을 괴로움으로 물들지 않았기 때문이다. 이 괴로움의 바다를 건너갈 수 있는 배가 팔정도라는 중도법이라면 이 팔정도의 배에는 두 개의 노가 있다. 오른쪽에 노는 사마타라는 노이고 왼쪽에 노는 위빠사나라는 노이다.

먼저 오른쪽 사마타라는 노를 저어 다섯 가지 장애의 물결을 잠재워야 한다. 그리고 왼쪽 위빠사나라는 노를 저어 통찰의 지혜로써 다섯 가지 장애를 완전히 물리치고 괴로움의 바다를 넘어간다. 과거는 이미 지나간 물이고, 미래는 아직 도착하지 않은 물과 같다. 지금이라는 이 순간 현재도 흘러가버리는 물과 같아서 지금 이 순간을 알아차리는 것은 단 한순간의 현재를 알아차리는 것과 같아서 현재를 지속해서 알아차리는 것이다. 지금 이 순간을 현재라고 알아차릴 때 이미 지나간 과거가 된다. 그래서 사띠 수행은 순간순간 알아차림이 지속되어질 때만이 현재라는 순간이 이어지는 것이라고 한다.

인연 따라 살자

"잘 되면 내 탓이요, 잘못 되면 조상 탓"이라는 말이 있듯이 우리가 살아가면서 많은 부분에서 남을 탓하며 살고 있다. 이것은 누구 때문에, 저것은 누구 때문에 라면서 책임을 다른 사람에게 전가하고 싶은 마음을 가지고 있다. 진리에는 원인과 결과의 법칙이 있기 때문에 철저하게 자신이 존재함으로써 모든 일들이 일어나고 사라지는 것일 뿐인데 잘 안 되는 일을 모두 남의 탓으로 돌리려고 한다. 누구 때문에 라는 것은 없는 것이며, 모두가 내가 지어 놓은 인연에 의해서 이루어지는 것이기 때문에 자신이 몸과 마음이 조건 지어져 있기에 인연의 법칙에 따라 선업을 쌓으면 좋은 일이 일어나고 불선업을 쌓으면 나쁜 일이 일어나는 것일 뿐이다. 자신이 뿌린 데로 거두는 것일 뿐 진리의 법칙은 철저하게 인과의 법칙일 뿐임을 알아차림 하여야 한다. "오는 인연 막지 말고 가는 인연 잡지 말라."라는 말이 있다. 이 말은 만남을 너무 심각하게 생각하지 말라는 알아차림이다. 인간관계는 만남이 있으면 반듯이 헤어짐도 있는 것이다. 처음 만남은 서로 뜻에 맞기 때문에 좋아서 죽을 지경이지만 세월이 지나다보면 서로의 의견이 맞지 않아서 소원하고 서로 불필요한 사람으로 변해간다. 그 원인은 자신의 마음대로 하고자 하는 이기심과 집착하는 마음 때문이다. 모든 인연은 조건 지어짐이 일어났다 조건 지어짐이 다하면 헤어지기 마련으로 좋은 인연이 왔다고 좋아하지 말며 나쁜 인연이 왔다고 싫어하지 말며 좋은 인연 나쁜 인연 모두 다 조건 지어짐에 있다.

이쯤에서 《현우경》의 〈빈녀난타품〉 인연이야기 하나 해볼까 한다.

가난하여 구걸을 하며 살아가는 난타라는 여인이 있었다. 국왕과 백성들이 부처님과 스님들에게 공양 올리는 것을 보면서 '나는 무슨 죄가 이리도 많아서 가난한 집에 태어나 복 밭을 만났으나 복 지을 종자를 얻지 못하였는가?' 생각하니 괴로움이 솟구쳐 올랐다.

작은 재물이라도 구해 공양거리를 찾아 몇 날 몇 일을 구걸하였으나 기름 한 방울밖에 구할 수가 없었다. 기름 한 방울로 공양을 올리기로 하고 등불을 만들어 기원정사로 갔다. 여인은 서원하기를 '너무나 가난하여 이 작은 등불밖에 공양을 할 수가 없었다. 이 공덕으로 다음 생에는 지혜 광명을 얻어 일체중생의 어두움을 밝혀주소서'하는 원을 세우고 자리에서 물러났다.

밤이 지나고 새벽이 되어도 등불 하나만이 꺼지지 않고 처음처럼 밝게 빛나고 있었다. 아무리 끌려고 해도 꺼지지 않는 등불을 보고 부처님이 말씀하셨다. "그 등불은 어떠한 방법으로도 꺼지지 않을 것이니 헛수고를 하지 말라." 그 등불은 일체중생을 제도하려는 큰 서원을 세운 사람이 보시한 것이기 때문이다.

이 인연으로 부처님은 난타에게 수기를 내려주었다.

"너는 미래의 세상에 이루 헤아릴 수 없는 동안에 등광부처가 될 것이며 부처의 10호를 모두 갖추게 될 것이다"라는 말을 들었다. 난타 는 너무 기뻐 부처님께 출가하여 비구니가 되기를 청하니 이를 허락 하여 주셨다.

이 이야기는 유명한 빈녀일등(貧女一燈)이다. 참된 보시는 아무리 많 은 재산을 보시하더라도 청정한 마음이 아니라면 그만큼 반감되기 마 련이다. 보시는 많고 적음이 아니라 그것을 바치는 청정한 마음과 중 생의 어두움을 밝히겠다는 대원을 세웠기 때문에 이러한 공덕의 인연

으로 한없는 과보를 받게 된 것이다. 모든 인연은 소중하지 않은 것이
없다. 좋은 인연이건 나쁜 인연이든지 자기가 지은 과보에 따라 이어
지는 것이기 때문에 항상 좋은 인연을 맺도록 행동을 조심하여야 할
것이다.

선암사 편백나무 숲길 걷기 명상 템플스테이 프로그램을 하면서
편백나무들이 군락을 이루어서 햇빛을 받기 위해 서로 경쟁하며 곧게
뻗어 나아가면서 삶의 의지를 불태우고 살아감을 보며 살고 있다. 그
속에서 편백나무도 아닌 소나무가 끼여 자기가 편백나무처럼 흉내 내
며 자라고 있는 모습을 보았다. 또한 편백나무들이 너무 빽빽한 곳에
서는 경쟁에서 밀린 애들은 키도 크지 못하고 말라 죽어가는 것을 보
니 참으로 자연은 말없는 말의 진리를 설법한다는 생각을 하게 된다.
불가에서는 "두두 물물이 부처님의 설법 아닌 것이 없다"고 했다.
나는 소나무라고 자존심을 세우면 결국 햇빛을 보지 못하여 서서히
죽어 간다. 조건 지어진 인연에 따라 더불어 살아가는 법을 배우면 좋
겠다.

함께 가는 수행의 길

　　불교의 가장 기초적인 접근법은 문(聞)·사(思)·수(修)로 문은 경전을 읽거나 듣는 것이다. 부처님 당시에는 문자가 없었기 때문에 법문을 통해 불교에 입문하였던 것이다. 지금은 경전이 잘 번역되어 불교를 배우려고 하면 얼마든지 쉽게 배울 수가 있다. 사는 생각하거나 사유하는 것으로 스님들이나 경전을 통해 듣는 것이나 읽은 것을 이성적으로 이치에 맞는 것인가를 알아차림 하는 것이다. 수는 자신의 몸과 마음을 잘 알아차림 하여 무상·고·무아를 체험하는 것이며, 수행을 통해 진리의 이치를 직접 이해하고 실천함으로써 지금 이 순간 즉 이생에 행복한 삶 해탈한 삶을 살아가는 것을 불교의 목적으

로 삼는다. 수행자로 서원을 세워 그 서원을 이루기 위해 가야 할 길은 참으로 숭고한 길이다. 부처님께서 보리를 이루시고 전법의 길에 들어서서 맨발로 걸으시고 탁발을 하시며 법문하고 마음 알아차림으로 불방일한 하루하루를 한 치도 깨어있음을 놓지 않으시며 45년을 오로지 중생들에게 불법을 가르치고 보여주고 깨닫게 하기 위해 길 위에서 법을 펴시다 길에서 반열반에 드셨다. 아! 참으로 이 얼마나 숭고한 삶의 여정인가?

　　우리는 부처님의 참 마음을 조금이나마 닮을 수 있다면 얼마나 좋을까? 이렇게 좋은 법을 펼 수 있는 지금의 심정이 이루 말할 수 없이 기쁘고 기쁘도다. 중생 없이 어찌 출가자가 있을 것이며 부처를 이루어 무엇을 하고자 하는가? 연기의 법을 이해하지 않고 어찌 중생과 출가자가 둘이라고 분별심을 낸단 말인가? 부처님이 맨발로 걸식하시며 전도유행을 하신 수행의 역사를 마음 알아차림 하면 어찌 출가자와 재가자가 둘이라 할 수 있으리오. 다 함께 열반의 언덕으로 가는 팔성노 반야용선을 타고 가는 것이거늘, 출가자는 반야선의 노 젓는 역할을 해야 하는 것이다. 출가자는 재가자들을 위해 함께 노를 저어 갈 수 있도록 수행에 힘쓰고 재가자들이 불법에 들어와 참 삶을 살아가도록 교육시키고 부처님 법을 전달하는 역할을 하는 것이 밥값을 하는 것이라고 생각한다. 밥값도 못하면서 좋은 밥 나쁜 밥 가려 얻어먹으면 직무유기이다. 해야 할 공부는 하지 않고 밥만 축내는 출가수행자들이 얼마나 많은가?

행복한 보시

　보시는 즐거운 마음으로 해야 하고 무주상보시(無住相布施, 준다는 생각이 없는 보시)를 실천해야 한다. 보시를 했다고 자신을 내세우는 보시는 자신의 이기주의적인 성향을 표현하는 것에 불과하고 순수하게 행복한 마음으로 보시하는 마음이 부처님의 마음이다. 보시하는 사람은 청정하게 청정한 곳에 보시를 해야 한다. 좋은 양질의 밭에 씨를 심는 것과 좋지 못한 밭에 씨를 심는 것은 나중에 열매가 엄청난 차이를 가져 온다. 아울러 받는 사람 역시 청정한 마음으로 받아야 진정한 보시를 하였다고 할 수 있다. 탐욕이 없이 받아야 하며 성냄이 없이 받아야 하며 어리석음이 없이 받아야 한다. 보시하는 사람이나 보시를 받는 사람 모두 다 청정하게 받아야 공덕이 생긴다.

　　매우 가난하여 하루하루 품팔이로 겨우 살아가는 가난한 부부가 있었다. 부부는 잠자리에 누워 곰곰이 생각했다. 전생에 복을 짓지 못하여 지금 이렇게 가난하게 살고 있는 것이라고 생각하게 되었다. 그러나 저 장자들은 전생에도 복을 지었고 금생에도 복을 지으니 내생에는 얼마나 부자가 될 것인가? 생각하니 우리도 금생에 복을 지어 내생에라도 부자로 살고 싶은 마음이 일었다. 헌데 우리는 복을 지으려도 지을 재물이 없으니 무엇으로 복을 짓는단 말인가, 생각하니 한심하기가 말이 아니었다.

　　부부는 의논 끝에 몸을 팔기로 합의를 하였다. 큰 부잣집에 찾아가 돈 열 냥을 빌리며 7일 후에 갚지 못하면 종이 되겠노라고 약속을 하였다. 그리고 이 돈으로 보시회를 열겠다고 약속 날짜를 받아왔다.

　　부부는 행복한 마음으로 열심히 일을 하고 떡을 만들고 음식을 마련하여 보시회 준비를 하였다.

　　그런데 국왕이 같은 날 보시회를 할 것을 주문하여 날짜를 바꾸어 주기를 요청하였다. 부부는 한 번의 약속을 어길 수 없다며 국왕의 청을 거절하였다. 몇 번이고 국왕이 날짜를 바꾸어 줄 것을 요청을 하였지만 끝내 받아들이지 않았다.

의아해한 국왕은 직접 찾아와 사연을 묻게 되었다.

부부는 지난 사정을 소상히 국왕에게 말을 했다.

저희들은 전생에 복을 짓지 못하여 이렇게 가난에서 헤어나지 못하고 있습니다. 가난에서 벗어나고자 몸을 팔아 보시회를 마련하였는데 날짜를 어기면 내 생에도 가난에서 벗어날 수 없어 날짜를 바꾸어 드리지 못하니 국왕께서 다른 날을 잡아 보시회를 열 것을 요청하였다.

왕은 이들 부부의 말을 듣고 불쌍한 생각이 드는 것은 물론 가상한 일이라 여겨 크게 칭찬하고 양보하였다.

빈약한 봄으로 강인한 봄과 바꾸었고 빈약한 재물로 튼튼한 재물과 바꾸었으며 나약한 목숨으로 굳건한 목숨과 바꾸었다고 할 만하다.

착하고 어진 마음을 소유한 인생은 행복한 인생이라고 할 수 있다. 착하고 어질면 행복한 것이 아니라 행복하면 착하고 어진 마음이 떠나지 않는다는 것이다.

4
경전에서 배우기

어리석은 사람

어리석은 자는 설령 지혜로운 사람과 한평생을 살아도 법을 깨닫지 못한다. 마치 국자가 국 맛을 모르듯이, 총명한 사람은 비록 지혜로운 사람과의 생활이 짧을지라도 법을 금방 깨닫는다. 마치 혀가 국 맛을 알듯이.

—《법구경》64~65

어리석은 사람은 부처님 법과 그리고 스승과 오래 함께 하더라도 진리의 법을 이해하지 못하고 실천하지 않는다면 마치 국자가 국 맛을 모르는 것처럼 무지하게 살아가고 총명한 사람은 부처님 법과 그리고 스승과 짧게 함께 하더라도 진리의 법을 이해하고 불사와 실천의 공덕을 짓는다면 마치 혀가 국 맛을 알듯이 지혜롭게 살아간다. 지혜로운 이는 "선한 일은 서두르고, 선하지 않은 일은 마음을 지켜라. 공덕을 행하는 일에 게으르면 마음은 선하지 않는 것을 즐긴다. 선한 일을 행했으면 더욱 더 거듭해야 한다. 그 의욕을 돋워 공덕 실천행이 쌓이면 행복하다." 불교에서의 정진의 삶이란 선한 일은 서둘러서 실천하고 선하지 않은 일은 일어나지 않게 하고 공덕을 쌓는 일에 게을리 하지 않는 삶을 부처님은 가장 행복한 사람이라 하셨다.

어리석은 사람의 이야기를 들어보자.

아주 무식한 부자가 있었다.

어느 날 이웃 부잣집으로 놀러 갔다가 부자 집의 3층 누각을 보게 되었다. 부자는 샘이 나서 자신도 3층 누각을 짓겠다고 다짐을 하며 집으로 돌아왔다. 목수를 불러 "나도 저 부자처럼 3층을 지을 테니 멋있는 3층 누각을 지어주게." 최고로 멋있는 집을 지을 것을 부탁했다.

목수는 땅을 고르고 기초를 다지기 시작했다. 보고 있던 부자는 이해되지 않아 목수에게 어찌하여 3층을 짓지 않고 1층을 짓느냐고 역정을 내며 말했다.

“나는 1, 2층은 필요 없으니 3층을 지어 주게.”

목수는 어이가 없어서 부자에게 말했다.

“1, 2층을 지어야 3층을 지을 수 있으니 조금만 참고 기다려 주십시오.”

부자는 그래도 이해되지 않아 3층만을 지으라고 목수를 졸라대고 있었다. 목수와 부자의 실랑이를 본 동네 사람들은 웃음을 참지 못하고 부자에게 손가락질을 하며 어리석은 사람이라고 놀려대기 시작했다.

어찌 아래층을 짓지 않고 위층을 짓는단 말인가?

무식하고 어리석은 부자는 어찌 할 줄 모르고 숨어버렸다.

어리석고 무식하면 남의 말을 잘 들어야 한다. 그러나 그런 사람일수록 무식하고 어리석은 줄 모르고 자기 고집만을 내세워 다른 사람들의 충고를 들으려 하지 않는다. 지혜로운 사람일수록 다른 사람의 충고를 잘 새겨들어 자기 것으로 만들어 세상살이에 현명하게 대처해 간다.

욕망의 끈을 놓다

부처님의 첫 설법이 중도 즉 팔정도이고 중간에도 팔정도를 전법하시고 마지막 반열반 직전에도 120세 마지막 제자 수받다에게 팔정도를 말씀하시었다. 불교는 한마디로 중도의 실천이다. 그것이 바로 우리가 이생에 닦아 가야만 하는 여덟 가지의 해탈 열반의 길이다.

자신의 욕망만을 채우기 위해서 욕망이라는 물건을 손으로 꽉 쥐고 놓지 않는 것이 지금 이 시대의 사람들의 모습입니다. 하지만 진정한 자유인은 꽉 쥔 손을 과감하게 펴서 욕망이라는 물건을 놓으로써 모든 것을 다 가질 수 있는 빈손으로 다시 태어난다. 이것이 바로 깨달은 자들의 자비 마음실천이다.

부처님께서는 우리에게 해로운 마음이 일어나면 그냥 바라보기만 할 것이 아니라 나에게 이러이러한 해로운 마음이 일어났다면 이것은 해탈 열반에 도움이 되는 것인가 아닌가? 도움이 되지 않는다. 그러므로 나는 이런 생각을 버려야 한다. 라고 마음속으로 반조하는 구절을 반드시 알아차림 하면서 스스로 이런 불 선법을 없애도록 결의를 굳게 할 것을 당부 하셨다. 사띠 수행은 자신의 내면에서 일어나고 있는 마음의 작용을 잘 알아차림 해 가면서 선업은 실천하고 불선업은 일어나지 않도록 하는 것이라고 말씀하셨다.

알아차림은 모든 요리에 맛을 내는 소금과 향료처럼 모든 곳에 필요하다. 그러므로 이와 같이 설하셨다.

'마음 알아차림은 모든 곳에서 유익하다.'라고 부처님께서 설하셨다. 무슨 이유인가? 마음은 마음 알아차림에 의지하고, 마음 알아차림은 보호로써 나타난다. 마음 알아차림이 없이는 마음의 분별과 절제함이 없다.

수많은 재물을 갖고 있는 노인이 있었다.

노인은 매우 완고하고 미련하며 탐심이 많고 인색하여 부처님도 교화하기가 매우 어려운 사람이었다.

수십 칸의 건물을 지어 사시사철 방을 옮겨가며 생활하고 있었다.

모든 건물이 완성되었고 별당의 앞 차양만 남겨 놓고 있었다.

부자이면서 한 푼이라도 아끼기 위해 자신이 힘든 일도 마다하지 않고 직접 일을 하는 노인이었다.

부처님은 혜안으로 노인의 죽음이 얼마 남지 않음을 아시고 노인의 집으로 찾아가 말씀을 하셨다.

"누구를 위하여 이렇게 큰 집을 짓고 계십니까?"

하고 물으니 힐끔 쳐다보며 대꾸하였다.

"사랑채는 손님 접대하고 별당은 자식들과 일꾼이 머물 곳이며 나머지는 재물을 쌓아 둘 곳이요."

이에 부처님은 말씀했다.

"복덕이 많은 분이라 예전에 많이 보아왔으나 이렇게 이야기하는 것은 처음인데 잠깐 일을 멈추고 이야기할 수 있겠습니까?"

노인은 거절하며

"지금은 바쁘니 다음에 한가할 때 들려주시지요."

부처님은 곧 게송으로 말씀하셨다.

> 자식이 있고 재물이 있으나
>
> 어리석은 사람은 늘 허덕이는구나.
>
> 나라는 존재는 허무한 것이니

자식이다 재물이다 하며 무엇을 걱정하리.

더울 때는 시원한 곳에서 거처하고

추울 때는 따뜻한 곳에서 거처하며

어리석은 사람은 호사스런 걱정도 많지만

눈앞에 닥쳐오는 재앙은 알지 못하네.

어리석은 사람은 더욱 어리석어져서

스스로는 지혜롭다고 하니

어리석으면서 지혜롭다고 하면

그야말로 더없는 어리석음이니라

―《법구경 비유경》〈우암품〉

부처님이 돌아가시고 나자 노인은 손수 서까래를 올리다 그만 놓쳐 서까래에 깔려 죽고 말았다. 노인의 집안은 삽시간에 초상집으로 변하였다.

인생의 무상함을 알 턱이 없는 노인은 아무리 좋은 이야기를 해 주어도 알아들을 수가 없다. 재물을 모으고 자식을 키우는 재미밖에 모르는 욕심 가득한 노인을 어찌 교화해야 하는가?

청정 상가에 공양

잡초가 밭을 망치듯

탐욕이 우리를 망친다.

탐욕의 마음에서 벗어난 사람에게 보시하면

커다란 공덕의 열매를 가져온다.

잡초가 밭을 망치듯

성냄이 우리를 망친다.

성냄의 마음에서 벗어난 사람에게 보시하면

커다란 공덕의 열매를 가져온다.

잡초가 밭을 망치듯

어리석음이 우리를 망친다.

어리석음의 마음에서 벗어난 사람에게 보시하면

커다란 공덕의 열매를 가져온다.

잡초가 밭을 망치듯

욕망이 우리를 망친다.

욕망의 마음에서 벗어난 사람에게 보시하면

커다란 공덕의 열매를 가져온다.

―《법구경》356~359

이 게송의 인연담에서 붓다께서는 보시도 알아차림을 잘해서
해야 한다고 강조 하십니다.
알아차림 보시에 대해 부처님의 말씀을 들어보겠습니다.
"오 안꾸라 천인이여, 누구든지 보시를 하고 기부를 할 때는
그 것을 누구에게 올릴 것인지를 잘 알아차림해야 하느니라.
보시와 기부는 예컨데 논에 씨를 뿌리는 것과 같으니라.
그러므로 토질이 기름지고 기온과 습도가 알맞은 곳에
건강한 씨를 뿌리면 튼튼한 새싹이 나와 많은 열매를 맺게 되지만,

아무리 건강한 씨앗일지라도 토질이 나쁘고 음지인 논에 뿌리면 약한 싹이 나와 빈약한 열매밖에 얻지 못하느니라.”

공덕을 쌓는 보시도 청정한 상가공동체에 해라고 부처님이 당부하십니다.

노보살님의 진정한 자비심

'사람이 아니라 부처님입니다'라는 칼럼을 보았다.

남편 없이 세 딸을 키우며 어렵지만 진실한 불자로 살아오던 보살님이 오해로 인해 구치소에 가게 된 사연이다.

어느 날 알고 지내던 중년의 여인이 집에 찾아왔다. 그 여인은 "가슴이 답답하네요." 라고 하면서 자기 가슴을 때렸다. 그러면서 "등 좀 두드려 주세요."라고 말했다.

보살님은 요청에 따라 등을 몇 번 두드려 주고 물을 떠다 줬다. 그리고 저녁 먹고 가라고 하고 방에서 좀 쉬라고 말했다.

보살님은 부엌에 가서 저녁준비를 하고 있었다. 그런데 얼마 후 퇴근한 딸이 "엄마!" 하며 비명을 지르는 것이 아닌가! 놀라 가보니 그 여인은 쓰러져 숨이 멈춰 있었다.

경찰이 오고 조사하자 보살님은 곧이곧대로 대답했다. 그런데 그 여인의 가족들이 그만 앙심을 품고 고발했다. 결국 보살님은 '과실치사' 혐의로 구치소에 가게 된 사연이었다.

그 다음 보살님의 자비하신 마음을 우리는 진정으로 부처님의 법이 위대함을 증명하게 한다.

보살님이 구치소에 들어감으로써 큰 딸의 약혼이 파혼 당하고 만 것이다.

그런데 보살님은 "절대로 그 죽은 사람이나 가족을 원망하지 말며, 또한 그 죽은 사람을 위해 천도재를 지내주라고 하셨다." 그래서 결국 천도재를 지내주게 되었다고 한다.

보살님은 환갑이 넘은 연세에도 불구하고 구치소 안에서도 힘든 일을 도맡아 하고 계시면서 "조금이라도 더 빨리 업을 갚고 싶어서 전생에 내가 그 사람에게 잘못했나 봐요. 열심히 감사하게 참회하고 있어요."라고 말씀을 하신다.

이 보살님의 마음 알아차림이 얼마나 숭고하고 위대한 자비의 마음을 실행에 옮기고 있는 것이다.

이런 억울한 경우를 당해서 과연 어느 누가 이 보살님처럼 '내 탓이오' 하고 참회의 삶을 살아가는 진정한 불자와 수행자들이 있을까?

부처님의 참법은 현실 생활 속에서 실천되고 참되게 행해지고 마음 알아차림이 될 때 숭고한 삶이 발현되는 것이다.

이런 최악의 상황에서도 평정심과 자비심을 잃지 않고 보살님처럼 초연하게 도리어 천도재를 지내주고 참회를 하면서 업을 빨리 닦고 싶어 하는 이 숭고한 마음을 부처님의 마음이 아니라고 할 것인가?

수행자로써 부끄러운 마음 어찌할 수가 없다.

과연 어떠한 역경에서도 무상, 고, 무아의 특상을 마음 알아차림하면서 실천에 옮길 수 있을 것인가?

우리 수행자들이 수행자라는 옷만 입고 거들먹거리며 게으름 피우며 살아가는 것은 아닌지, 대자대비한 부처님의 마음자리를 마음 알아차림 하는 수행이 필요할 것 같다.

불법은 저 멀리에 있는 것이 아니라 항상 내 마음 속에서 일어났다 사라졌다 할 뿐이다.

수행자가 마음 알아차림을 잘하고 그것을 실천에 옮기며 살아감이 곧 불법인 것이다.

오늘 숭고한 보살님의 자비의 마음을 알아차림하며 《법구경》을 옮겨본다.

이미 저질렀거나

아직 저지르지 않았거나 막론하고

다른 사람의 결점은 일체 보지 말라.

이미 저질렀거나

아직 저지르지 않았거나 막론하고

자신의 잘못은 반드시 되돌아보라.

—《법구경》50

물고기로 태어난
까삘라 비구 이야기

사람에게 마음 알아차림이 없으면

욕망이 자라기가 등나무 같아

그가 이세상에서 저세상으로 방황하는 것

마치 열매를 찾아 헤매는 숲 속의 원숭이와 같다.

누구든 간에 하찮은 감각적 쾌락에 욕망이 지나치면

그에게는 반드시 슬픔의 독이 자라난다.

마치 비를 흠뻑 맞은 비라나 풀이

무성하게 자라나듯이

누구든지 간에 하찮은 감각적 쾌락의 욕망을 다스리면

그에게 반드시 슬픔의 독이 사라진다.

마치 연꽃잎 위의 물방울이

스스로 굴러 떨어지듯이

그러므로 여래는 여기 모인 많은 사람들에게

진실로 설하나니

하찮은 감각적 쾌락의 욕망을 뿌리째 뽑아 버리라.

마치 비라나 향초를 뽑아낸 뒤에 우시라 향을 얻듯이.

그리하여 마치 갈대를 휩쓸어 버리는 홍수 같은 생사의 마라가

다시는 너희를 파괴하지 못하게 하라.

— 《법구경》334~337

형제지간에 출가하여 형인 소다나는 수행을 선택해서 아라한이
되고 동생인 까삐라는 교학을 공부해 삼장법사가 되었으나 교만하여
말을 독선적으로 함으로써 지옥고에 떨어지고 현생에는 물고기로
태어난 인연담으로 부처님이 이 게송을 설하시었습니다.
불교에서는 신·구·의 삼업을 조심하라고 합니다.
이렇게 까삐라비구의 구업은 지옥고와 물고기로 태어나게 합니다.

몸 · 입 · 생각을 잘 알아차림하여 업을 짓지 말아야 합니다.

일상생활 속에서 좋은 생각과 좋은 행위 그리고 좋은 말을 해야 합니다.

이 이야기에서 나쁜 생각과 나쁜 행위 그리고 나쁜 말을 하고 살아간다면 지옥고와 물고기로 태어난다는 교훈을 주는 이야기입니다.

우리 모두 알아차림으로 좋은 생각과 좋은 행위 그리고 좋은 말을 실천하는 사람이 되시길….

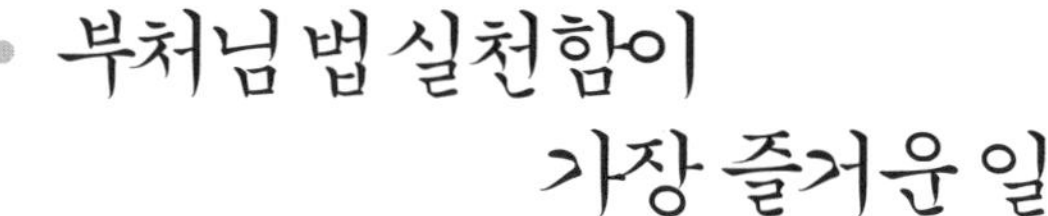

부처님 법 실천함이 가장 즐거운 일

필요할 때 벗이 있음은 즐거운 일

가장 큰 즐거움은 다른 이와 기쁨을 나누는 일

공덕을 쌓아 두면 생명이 끝날 때 즐거운 일

거기서 더 즐거운 건 모든 고통을 떠나는 것

어머님 아버님을 존경하고 보살펴 드림도 즐거운 일

가난하고 고통 받는 사람들을 보살펴 줌도 즐거운 일

수행자를 존경하고 받들어 모시는 것도 즐거운 일

붓다를 존경하고 항상 마음속에 예경하는 것은 더욱 즐거운 일

나이 들면서 계를 지킴은 즐거운 일

확고한 신심을 세움도 즐거운 일

지혜를 성취함도 즐거운 일

불선업을 짓지 않음은 더욱 즐거운 일

—《법구경》331~333

우리가 살아가면서 마음에 맞는 사람과 함께한다는 것은
참으로 즐거운 일입니다.
부모에게 효를 다해 모시는 것도 즐거운 일입니다.
소외되고 가난하고 어려운 사람을 돌보는 것도 즐거운 일입니다.
스승을 만나 존경의 마음으로 따르고 함께 함도 즐거운 일입니다.
그리고 특히 부처님 법 만나 가르침을 실천함이 가장 즐거운 일입니다.

행주좌와 어묵동정

마땅히 해야 할 일을 하지 않은 채 버려두고

해서는 안 될 일을 행하는 자에게는

교만이 많아지고 마음의 알아차림이 없나니

단지 번뇌만 치성할 뿐이다.

언제나 자기의 몸에서 일어나고 있는 현상에

마음을 알아차림하는 수행을 열심히 해 나가는 사람은

해서는 안 될 일을 하지 않고

마땅히 해야 할 일만을 열심히 행하나니

이런 사람은 마음 알아차림이 되어 있는 사람

명확한 이해가 뒷받침되어 있나니

더 이상의 번뇌는 없다.

―《법구경》292~293

부처님 가르침을 배우고 따르면서 방편의 법만을

가지고 수행하는 수행자들을 경책하는 말씀입니다.

부처님은 항상 행주좌와 어묵동정에서 사띠를 할 것을

우리에게 간절하게 일러주시는 말씀이십니다.

무상, 고, 무아에 대한 통찰지 

모든 조건지어진 현상은 무상이라고

사념처 수행법으로써 이렇게 알아차림하는 사람은

고통에 싫어함을 갖나니

오직 이것이 청정에 이르는 길이다.

모든 조건지어진 현상은 고통이라고

사념처 수행법으로써 이렇게 알아차림하는 사람은

고통에 대해 싫어함을 갖나니

오직 이것이 청정에 이르는 길이다.

모든 담마(법)에는 자아가 없다고

사념처 수행법으로써 이렇게 알아차림하는 사람은

고통에 싫어함을 갖나니

오직 이것이 청정에 이르는 길이다.

─《법구경》 277~279

불교의 진정한 이해는 무상, 고, 무아인 삼법인을 이해하는 것입니다.

이세상의 모든 조건지어진 것들은 변하되기 마련입니다.

인간을 구성하는 오온 즉 색·수·상·행·식은 어느 한순간도 만족이 없습니다.

우리는 외부에 있는 어떤 절대자나 힘에 의해서 살아가거나

자신의 어떤 힘에 의해서 살아가거나 하지 않습니다.

조건지어진 인연에 따라 일어났다 사라지는 것일 뿐입니다.

이렇게 무상, 고, 무아를 이해함으로써 행복한 삶이 지금 이 순간을 살아가고 있는 것입니다.

아름답고 향기 나는 꽃이 훌륭한 열매를 맺는다

"아름다우나 향기 없는 꽃이

그것을 가진 사람에게 이익을 주지 못하듯

부처님에 의해 잘 설해진 법도

실천 수행치 않으면 아무 이익이 없다.

아름답고 향기도 높은 꽃이

그것을 가진 사람에게 미와 향기를 주듯

부처님에 의해 잘 설해진 법을

실천 수행하면 많은 이익이 있다."

빠세나디왕의 두 왕비에게 아난존자가 법을 전하나 말리까왕비
는 법을 배우고 실천행을 잘하고 와사바캇띠야왕비는 법을 배우나
실천행을 잘하지 않는 것을 아시고 이렇게 게송으로 법문을 하시었
습니다.

우리 명우님들도 법을 잘듣고 독송하고 배운 것을 전하지 못하고
실천수행하지 않는다면 모양은 아름다우나 향기가 없는 꽃과 같
습니다.
그러나 우리가 모양도 아름답고 계정혜 향기가 난다면 풍부한 열
매를 얻을 수 있는 것입니다.

스승의 가르침을 잘 배워서 그 가르침을 다른 사람들을 위해 전하
는 삶을 살아가는 것이 불교의 가장 중요한 공덕의 실천법입니다.

5
회향하기

보시와 사회복지 운동

붓다께서는 사부대중(빠리사)들과 보시(다나)를 통해 재분배를 실천
하였다.

가난하고 병든 사람들을 구제하고 실제적인 사회경제적 복지운동
으로서 그 사회를 변혁하고자 하셨다.

《쌍윳다니까야》에서는 보시공덕을 이렇게 말씀하시었다.

"이삭을 모아 아내를 부양하고 조금 있어도 보시하는 사람은 가르
침을 실천하네.

천 사람이 십만의 보화로 재를 지내도 그러한 보시에 비해 16분의
1의 가치도 없네.

바르게 얻거나 힘써 노력하여 얻은 재산과 물건을 베푸는 사람은 지옥의 웨따라니 강을 뛰어넘어 죽을 때 좋은 곳으로 간다네."

진정한 보시는 땀 흘리며 정직하게 번 돈을 지키면서 춥고 배고픈 빈민들과 병든 사람들을 위해 나누고 섬기는 것만이 진정으로 이 사회를 이롭게 하고자 실천하시었다.

붓다는 항상 중생들에게 보시하면 생천한다고 하시며 가장 기초적인 수행임을 강조하시었다.

붓다의 공동체(빠리사)는 보시를 통하여 공정한 재분배의 사회복지를 실현하고자 하셨다.

붓다는 전법선언문에서 중생의 이익과 행복을 위해 길을 가라고 하시었다.

이것이 바로 보시를 통하여 많은 사람들의 실질적인 이익과 행복을 실현하는 것이 불교의 가장 실천적인 행위였다.

《쌍윳다니까야》〈인색함경〉을 알아차림하여보자.

험한 벌판길을 함께 가는 길 동무처럼 가난한 가운데서도 나누는 사람들은 죽어가는 것들 가운데서도 죽지 않으니 이것은 영원한 법이라네.

불교는 산속에서 수행만하는 것이 아니라 중생과 함께 건전한 사회를 만들고자 노력하고 정진하는 삶인 것이다.

붓다는 보시를 통해 사회복지 실현 그리고 보시를 하면 좋은 곳에 태어난다는 종교적 삶까지도 이루기를 서원하시었다.

불교는 보시를 실천하는 것이 궁극적으로 오온적 자아의식을 벗어나 무아임을 깨닫게 함으로써 탐욕에서 벗어나 해탈 열반을 성취하고자 하였다.

선암매의 향기

선암사 매화는 천연기념물 488호로 지정되어 선암매라고 한다.

선암사 매화는 무량수각 앞에 있는 와룡송과 같은 시기에 심어졌다고 전해오며 선암사의 자랑인 와룡송은 약 680년 되었다.

선암매 또한 수령이 와룡송과 더불어 680년 된 백매화이다.

선암사에는 이렇게 백매화. 청매화. 홍매화가 순차적으로 피고 있으며 홍매화가 필 때쯤이면 전국에서 상춘객이 몰려 들어 선암사는 인산인해를 이룬다.

만해 한용운 스님께서도 정신적인 멘토였던 박한영 대강백 스님에게 공부를 하기 위해 자주 선암사에 오셨을 때 무우전 담장에 피어

있는 매화를 보고 "매일 생한 불매향"을 읊조리시고 감탄해 하셨다고
전한다.

매일 생한 불매향의 원글은 조선시대 문인이신 신흠 선비님의 글
속에서 나오는 말입니다.

桐千年老 恒藏曲　　　동천년로 항장곡

梅一生寒 不賣香　　　매일생한 불매향

月到千虧 餘本質　　　월도천휴 어본질

柳經百別 又新枝　　　유경백별 우신지

오동나무로 만든 악기는 천년을 묵어도 자기 곡조를 간직하고
달은 천번을 이지러져도 본바탕은 변치 않으며
매화는 아무리 추워도 그 향을 팔지 않는다
버드나무 가지는 백번 꺾여도 새 가지가 난다.

절집에서는 스님들의 수행하는 모습을 종종 매화나무에 비유해서
많이 표현한다. 수행자는 어떠한 고통과 어려움 속에서도 인욕과 참
을성으로 견디어 내야 하는 것이다.

매화가 그 겨울의 추위 속에서도 참고 인내하면서 때와 시기를 맞추어 꽃의 향기를 내놓게 된다.

이렇게 매화를 보고 수행하는 스님들은 비난의 화살을 맞아도 인내하면서 꿋꿋하게 정진하면서 마음공부가 무르익었을 때 비로소 한마디 향기로운 말을 토해 내는 것이다. 그 한마디 향기로운 말은 온 누리를 정화하고 행복하게 만들어 편안하게 한다.

우리들도 매화처럼 자신이 절제와 건전한 마음가짐과 사회를 위해 이롭게 할 자신이 있을 때 까지 정진하면서 성숙되었을 때 비로소 사신의 향기를 팔아야하는 것이다. 자신의 향기가 무엇인지도 모르고 함부로 팔다보면 다른 사람들에게 머리를 아프게 하는 악취로 전해질 것이다.

자신의 향기가 진정으로 자비와 사랑의 향기가 난다면 머뭇거리지 마시고 바로 사회를 위해 많이 퍼뜨려야 할 것이다.

그 향기는 온 세상을 이롭게 하면서 이 사회를 행복하게 만들 것입니다.

나눔의 기쁨

불교에서는 나눔의 주인(danapati)이라는 말이 있다.

불교의 주석서에서는 다나빠띠에 대해 이렇게 설명하였다.

'나눔의 주인'이란 사람에게 보시할 때, 그것의 주인이 되어 나누어 주는 것이지, 하인이 되거나 친구가 되어 주는 것이 아니다.

어떤 이는 자신은 맛있는 음식을 먹고 다른 사람에겐 그렇지 않은 것을 보시한다. 그는 그 보시물의 하인이 되어 보시한다.

어떤 이는 자기가 먹는 것을 보시한다. 그는 친구가 되어 보시한다.

그러나 어떤 이는 자신은 하찮은 것으로 생활하면서도 다른 사람에겐 맛있는 음식을 보시한다. 그는 그것의 주인이 되어 보시한다.

이러한 나눔과 섬김이 초기불교 공동체에서는 일상적인 윤리로서 실천에 옮기면서 살아가고 있었다.

그리고 권력가, 사제, 상인, 기업가, 수행자, 등 모든 공동체에서 나눔이 많은 사람들의 지지를 확보하고 존경을 받을 수 있었다.

우리가 말하는 시주는 단순히 나눔만을 말하지 않는다. 그 분들을 섬김까지 확대해서 실천에 옮겼다.

그래서 시주는 단순히 나누고 베푸는 자가 아니라, 자신이 하찮은 것으로 생활하면서도 다른 사람들에겐 맛있는 음식을 보시하는 섬기는 자들이다

초기불교 공동체 수행자들은 보시를 실천함으로써 윤리적 청정성을 담보로, 사회의 경제적 정의를 실천하고자 정진한 삶을 살았다.

나눔과 섬김을 구체화하기 위해서 다나살라(danasala) 나눔의 집을 만들어 실천에 옮겼다.

8억의 재산을 소유하고 있는 위사이하라고 하는 부자 상인도 보시를 즐겨 도시의 사방 문과 중앙, 자기 집의 문 앞, 이렇게 여섯 곳에 보시당을 짓고 보시를 행했다고 한다. 그런데 매일 60만금의 보시를 하는 위사이하 상인은 자신의 식사는 걸식에 가까웠다고 한다.

회향을 아름답게

말룽까뿟따의 형이상학적 질문들에 대하여 붓다의 응답은 다음과 같았다.

"말룽까뿟따여, 나는 다만 고통의 소멸에 관하여 설할 뿐이다"

붓다는 깨달음을 얻으시고 나서 오직 중생들의 고통을 소멸하는 방법인 사성제를 설하시었다. 그리고 그 고통을 멸하는 도 닦음 팔정도의 실천행을 처음 초법륜을 굴리실 때부터 마지막 열반 시까지 말씀하시었다. 그럼 우리가 느끼는 고에 대해 알아차림하여 보자. 정신적인 고통과 육체적인 고통이 있다.

자신의 욕망과 야망을 위해 집착하고 갈망하는 마음에서 생겨나는 정신적 고통이 있고, 조건 지어진 환경에 의한 가난과 질병에 시달리는 것은 육체적인 고통이다.

붓다는 모든 중생들의 이익과 행복을 위해 우리가 수행을 해야 하고 전도의 길을 나서야한다고 하셨다.

그래서 우리는 지금 고통에 시달리는 가난한 사람과 병든 사람들 그리고 정신적으로 고통을 당하고 있는 많은 사람들을 치유하고 보살펴야하는 것이다.

붓다께서 말씀하시는 참 뜻은 바로 모든 중생들의 정신적인 고통과 육체적인 고통을 소멸할 수 있는 길을 가르쳐 주는 것이 가장 필요한 것이다.

그것이 바로 지금 이 시대의 사띠마 공동체 즉 사띠수행자들의 공동체를 통해 정신적인 고통을 당하는 사람들과 육체적인 고통을 당하는 사람들을 치유하고 함께 웰다잉 죽을 때까지 함께 하는 삶을 살아가야 한다.

그리고 또한 정년퇴직자들이 기계처럼 사용되다 버려지는 공허함을 달래기 위한 프로그램이 바로 사띠마 공동체에서 살아가면서 이제껏 배워왔던 그 능력과 지식을 공동체 대안학교나 명상대학에서 가르침으로 봉사할 수 있는 삶을 살아가게 한다면 그 정년퇴직자들은 나눔을 통해 진정 행복한 삶을 살아갈 수 있을 것이다.

　사띠마 공동체가 육체적으로 병든 자들을 치유하는 요양시설과 정신적으로 우울증에 고통받고 있는 사람들을 위한 명상프로그램 그리고 철없는 부모에게 버려지는 아이들을 보살피고 가르쳐야 하는 것이다.

　사띠마 공동체 생활 속에서 사회를 위해 신성한 노동시간을 두어 그 노동의 생산물을 어려운 이웃들을 위해 쓰여 지도록 회향할 때, 그 공동체 사람들이 정신적으로나 육체적으로 건강하고 보람을 느끼며 행복한 삶을 살아갈 수 있을 것이다. 사띠마 공동체가 은퇴자들을 위한 프로그램으로 죽을 때까지 명상과 숭고한 노동 그리고 사회를 위해 헌신하는 삶을 살아갈 때 아름답게 죽을 수는 없을까,

　이것 바로 지금 이 시대의 불교가 가야 할 비전인 것이다.

빈손으로 오고 간다

4월 11일 선거가 끝났다.

이제는 자신의 본연의 일로 돌아가 알아차림하면서 잘 살아가야 할 시간이다.

자신이 선거에 이겼다고 자만하고 욕망에 휩싸이면 불행이 찾아온다.

랏타 빨라 존자에게서 삶의 지혜를 배우는 시간을 가져보자.

"대왕님, 온전히 깨달음을 성취하신 부처님께서 가르치신 네 가지 가르침의 요점이 있습니다. 이 가르침을 듣고, 보고, 알았기 때문에 출가하였습니다. 무엇이 넷입니까?”

첫째는 이 세상 모든 것은 불안정하여 휩쓸려 가버린다.

둘째는 이 세상은 의지처도 없고 보호자도 없다.

셋째는 이 세상은 내 것이라고 할 것이 아무것도 없다. 우리는 모든 것을 두고 떠나야 한다.

넷째는 이 세상은 불안전하고 만족이 없으며 갈애와 노예의 삶이다.

이어서 랏타 빨라 존자는 게송으로 말하였다.

세상에서 부유한 사람을 보면 어리석어 얻은 재물을 보시할 줄 모르네.

욕심스럽게 재물을 쌓아두고 더욱 더 감각적 쾌락을 열망하네.

땅을 무력으로 정복한 왕은 바다에 이르기까지 온 땅을 다 통치하고

아직도 바다 이쪽에 만족하지 못하고 바다 저쪽까지 탐내네.

왕뿐만 아니라 대부분의 사람들도 그와 같이 갈애를 버리지 못하고

죽음에 이르면 아직 만족하지 않은 채 시체를 떠나네.

세상에서 감각적 쾌락은 만족이 없네.

친족들은 울며 머리를 쥐어뜯고 ‘아이고, 우리의 사랑하는 사람이

'죽었네.'

수의로 감싸서 운반하여 장작더미 위에 올려놓고 불태우네.

재물은 뒤에 남긴 채 수의 한 벌만 입고 불타는 막대기에 찔리면서 장작더미 위에서 불타네.

죽은 사람에게는 친족도, 친구도, 안식처가 될 수 없고 의지처가 될 수 없네.

상속자가 재물을 가져가고 사람은 업에 따라 제 갈 길을 가야 하니 죽을 때는 자식도, 아내도, 재물도, 토지도 아무것도 그를 따를 수 없네.

재물이 많다 해서 장수할 수 없고 부유함이 늙음을 몰아낼 수 없네.

'인생은 짧다'고 모든 성인은 말하네.

영원한 것은 없으며 변화할 뿐이라고 부자든 가난하든 똑같이 죽음이 오네.

성인도 어리석은 자도 똑같이 죽음이 오네.

어리석은 자는 그 어리석음에 의해 마치 때려눕힌 듯 누워 있지만 현명한 자는 죽음이 와도 흔들리지 않네.

재물보다 더 중요한 것은 지혜이며 그 지혜로움으로 궁극의 목표를 얻네.

어리석음으로 사람들은 악행을 저지르고 세세생생 그 목표에 도달하지 못하네.

달콤하고 즐거운 수많은 감각적 쾌락이 여러 면으로 마음을 괴롭히니 감각적 쾌락에 얽매임의 위험을 보고 대왕이여, 나는 출가를 하였네.

과일이 나무에서 떨어지듯이 사람도 그와 같네.

젊은이든 늙은이든 몸이 부서지면 떨어지나니 대왕이여, 이것을 보고 나는 출가하였네. 사문의 삶이 확실히 더 훌륭하다네.

여기서 사문의 삶이란 우리가 일상생활에서 누구나 사띠수행을 하면서 살아가는 사람들을 말한다.

우리도 일상생활 속에서 알아차림으로 절제와 건전한 삶을 살아가면 그것이 바로 사문의 삶인 것이다.

사리풋타 존자의 생활 속 수행법

　　일상생활 속에서 수행이란 행주좌와 어묵동정에서 사띠를 두고 살아가는 것이다.

　　하루의 일과 속에서 자신이 무엇을 하고 있는지를 분명히 기억하고 살아가는 것이 바로 알아차림의 수행이다.

　　사리풋타 존자가 말씀하시는 알아차림으로 청정한 수행자의 삶에 대해 알아보자.

　　어느 때 사리풋타 존자는 사왓티의 기원정사에 있었다.

　　그때 어떤 비구가 사리풋타 존자에게 와서 이렇게 말하였다.

"벗, 사리풋타여, 나와 함께 지내던 비구가 수행생활을 그만두고
세속으로 돌아갔습니다."

"그렇습니다. 벗이여, 감각기관의 문을 지키지 않을 때, 먹는 것에
적당한 양을 조절하지 못할 때, 그리고 온전히 깨어있지 못할 때, 이런
사람이 그의 온 일생을 온전하고 청정한 수행자의 삶을 산다는 것은
불가능합니다. 그러나 벗이여, 만일 비구가 감각기관의 문을 잘 지키
고 먹는 것에 적당량을 알고 그리고 온전히 깨어 있다면 그의 온 일생
을 온전하고 청정한 수행자의 삶을 사는 것은 가능합니다."

여섯 감각기관의 절제

그러면 감각기관의 문을 어떻게 지킵니까?

눈으로 대상을 볼 때 겉으로 드러난 모습이나 특성에 집착하지 말아야 한다. 왜냐하면 만일 눈을 다스리지 않으며 탐욕과 불유쾌함의 바람직하지 않은 나쁜 것들이 마음속에 스며들 것이다.

그래서 그는 눈을 절제하는 수행에 전념하고 눈을 잘 지킬 것이다. 그런 결과 그는 눈의 절제를 얻었다.

귀로 소리를 들을 때, 코로 냄새를 맡을 때, 혀로 맛을 볼 때, 몸으로 촉감을 느낄 때, 마음으로 현상을 자각할 때, 이 모든 감각 현상에서 겉으로 드러난 모습이나 특성에 집착하지 말아야 한다. 왜냐하면 만일 귀를, 코를, 혀를, 몸을, 마음을 다스리지 않으면, 탐욕과 불유쾌함의 바람직하지 않은 나쁜 것들이 마음속에 스며들어 수행을 방해할 것이다.

그래서 그는 감각기관을 절제하는 수행에 전념하고 감각기관을 잘 지킨 결과 그는 감각기관의 절제를 얻었다.

먹는 것의 절제

'먹는 것에 적당량을 안다'는 것은 무엇일까? 그는 주의 깊게 이와 같이 살펴 본다. 음식을 먹는 것은 즐거움을 위함도 아니며, 탐닉하기 위함도 아니며, 신체적인 매력이나 꾸미기 위함도 아니며, 다만 이 육신을 지탱하고 유지하기 위함이며, 육신의 고통을 덜고 청정한 삶을 돕기 위함이다.

이것이 바로 '먹는 것에 적당량을 안다'는 것이다.

깨어있는 마음

어떻게 '깨어있음'에 몰두합니까?

낮 동안 앞으로 가고 뒤로 가고 [경행하는 것] 앉아 있는 동안 [좌선하는 것] 그의 마음을 방해하는 것으로부터 마음을 맑게 한다. 밤의 초경에 앞으로 가고 뒤로 가고 앉아 있는 동안 그의 마음을 방해하는 것으로부터 마음을 맑게 한다.

밤의 중경에 사자가 눕듯이 오른쪽으로 누워 두 발을 가지런히 하고 마음챙김으로 다시 일어날 것을 생각한다.

밤의 후경에 이른 새벽에 일어나 앞으로 가고 뒤로 가고 앉아 있는 동안 그의 마음을 방해하는 것으로부터 마음을 맑게 한다. 이것이 바로 '깨어있음'에 몰두하는 것이다.

그러므로 벗이여, 우리는 '감각기관의 문을 지키고, 먹는 데 적당한 양을 알며, 깨어있음에 몰두할 것이다.'라고 자신을 단련하여야 한다.

사리풋타 존자는 우리들에게 안·이·비·설·신·의, 즉 여섯 감관의 절제와 먹는 것의 절제 그리고 깨어있는 마음으로 일상생활을 살아가라고 말씀하신다.

이 오온이 무아인 줄 알아차림하고 일상생활 모든 것들 속에서 절제와 건전한 삶을 살아가는 것이 바로 사띠 수행으로 사띠 수행은 어느 누구나 다 일상생활 속에서 할 수 있는 것이다. 사띠 수행을 통해 우리는 자신을 청정하게 하고 사회를 청정하게 하는 사회적 실천이 우리가 할 수 있는 회향일 것이다.

6

템플스테이 후기

처음 접하는 불교 문화

석소영(회사원, 경남 통영시 도남동)

오롯이 나 혼자만의 시간이 필요했다.

회사생활을 하면서는 물론이고 숙소에 혼자 있을 때 조차 왜 그리도 나 혼자만의 시간을 가지기가 그리 어려웠는지….

나이가 들어감에 따라 방황과 고뇌에 행복하지 못했고 조급한 마음이 일었다.

아빠를 일찍 여의고 풍족하지 못한 가정에 어린 동생들을 책임지고 살아오면서 그것이 제게 큰 부담이었고 직장생활에선 열심히해서 항상 모범직원으로 칭찬을 들었지만 몸과 마음이 너무 힘들고 지쳤다.

나도 가정을 이루고 싶었다.

친구와 직장동료들의 행복한 가정과 아이들의 탄생을 지켜보며 나는 더 위축되고 내 처지가 비관스럽기까지했다.

하루하루가 행복하지 않고 고통스러우니 어떤 날은 '이대로 죽어 버리면 이런 고통이 사라질까'하고 생각하는 나를 발견했다.

그러면서 꼬리를 물고 드는 의문은 '나는 어디에서 왔고 왜 여기에 왔으며 무엇을 위해 살아야 하나' 였다.

그래서 선택한 템플스테이, 설레는 마음과 두려운 마음을 가지고 온 선암사, 여기서 '내가 가진 의문을 다 풀고 가보자'는 생각에 참 진지하게 임했던 것 같다.

처음 접하는 불교 문화에 대한 얼떨떨함과 조심스러움, 거기다 소심한 내게 주어진 조장이란 임무까지….

한 이틀 정도는 적응 기간이 필요했다.

차담 시간 진명스님의 깊이 있고 진심 어린 이야기를 들으면서 템플스테이 끝나는 4박5일 내내 그 의미를 되새겨 보며 내 고민들과 연관지어 하나씩 해결해 나가려고 애썼다.

진명스님께서는 무아…, 자존심이 없는…, 지금 이렇게 앉아있는 내가 몇 만억 겁의 업생이 만들어 낸 업식으로 지금을 살고 있으며 몸과 마음의 조건지어짐일 뿐이라고 말씀하셨다.

무아를 알게 되면 두려운 게 없다고도 하셨다.

어떻게 처음 듣는 그 얘기들이 쏴악 실려들어 왔는지 모르겠지만 업식과 무아를 받아들이고 욕심을 버리려 노력하고 명상을 하면서 이 모든 원인은 내가 제공한 원인에 있었구나 라는 걸 깨닫게 되면서 지금의 내 상황이 안정이 되고 미래에 대한 불안감도 해소되는 듯했고 마음이 편안했다.

앎으로써 이렇게 편안한 것을.

왜 그리 속을 썩였는지….

선암사를 나서서 일상에서 명상을 통해 선업을 알아차림하고 불선업을 막기 위해 순간 순간 내가 어떤 생각을 하는지 알아차리면서 그걸 기억하고 바르게 살려고 하나보면 욕심과 화, 어리석음을 행하지 않게 되고 앞으로의 내 삶이 현명해지고 평온해지고 행복해질 것 같다.

처음으로 내 안을 들여다 볼 수 있었던 선암사에서의 시간들이 있는 그대로의 나를 발견하고 이해하는 아주 값진 시간들이었다.

이생을 살면서 미처 깨닫지 못한 어리석음으로 인하여 힘든 길에 서 있게 되거나 행복한 일이 생겼을 때 선암사의 아름다운 자연을 함께 나누고 아픔을 함께 나눈 진명스님과 도반들과 함께 할 수 있음에 안심이 되고 든든하다.

오랜 기간 이렇게 좋은 프로그램을 사명감으로 혼자 짊어지고 오시느라 지친 몸 상태임에도 더 많이 알려주시고 깨닫게 해 주시려고 애써주신 인자하고 진심어린 진명스님의 마음을 오래도록 간직하고 싶다.

　스님과 보살님 한 분 한 분의 따뜻한 인사 정성스런 배려 또한 잊지 못할 것이다.

　아 참! 진명스님께서 주신 또 한 가지 깨달음…,

　지금 이 순간에 알아차림하는 것…,

　지나간 과거 다가올 미래가 아닌 현재에 사는 것.

　현재에 행복하지 않으면 때때로 행복하지 않다는 말씀.

　진명스님! 지금 이 순간 행복합니다.

　정말 감사합니다.

그리운 선암사에서

강순옥

이름만 들어도 눈물이 왈칵 쏟아질 것만 같은 내 첫사랑 같은 사찰, 선암사. 불현듯 그곳에 가고 싶었다.

연이어 떠오른 단어. 템플스테이. 마음 내친 김에 바로 신청하고픈 마음에 선암사 종무소로 전화했다. 뉘신지는 모르나 흐르는 물처럼 잔잔한 음성으로 안내해 주시던 그분은 참으로 친절하셨다.

휴식형과 체험형을 설명해 주셨으며 어느 것을 선택하여도 괜찮다는 말씀과 함께 더 궁금한 것이 있으면 홈페이지를 참고하라는 말씀도 덧붙이셨다. 또한, 처음하는 템플스테이라면 체험형도 괜찮지 않겠느냐며 권해주셨다.

1박 2일 일정의 체험형으로 결정. 경주에서 3시간 30분 동안 고

속도로를 달려 도착하기까지 내내 설레던 마음. 아주 오래 전부터 절에서 하룻밤을 묵는 일. 그리고 그곳에서 새벽을 맞이하고 싶었던 것. 그것은 내 오래된 소망이었다. 그러니 어찌 가슴이 설레지 않을 수 있었을까.

그곳에서 처음 만났던 종무소에 계셨던 분은 전화 통화에서처럼 여전히 친절한 음성과 밝은 미소로 맞이해 주셨다. 신청서를 작성하고 머무는 동안 입을 티셔츠와 〈선암사 템플스테이〉라는 글씨가 새겨진 조끼를 건네주셨고 내가 이틀 동안 기거할 방을 안내 받았다.

여러 명이 함께 사용하는 줄 알았는데 뜻밖에 혼자만의 공간을 선물 받았다. 반듯하게 개켜져 있는 이불이 소박함과 정갈함을 자아냈다.

273

짐을 풀고 경내를 걸었다. 언젠가 이곳에서. 지금은 잃어버린 옛 연인과 함께했던 선암사의 구석구석을 나는 지금 혼자 걷고 있는 것이다. 눈물이 핑 돈다. 자꾸만 두 눈에 눈물이 차오른다.

내가 좋아하는 금낭화가 피어있던 자리는 낫으로 정리를 한 듯 담장 주변의 풀들이 깨끗하게 베어져 있다.

운수암인가. 그곳으로 향하는 길과 연결된 돌담 틈에 작은 돌멩이를 집어넣어 사진을 찍으며 깔깔거렸던 기억. 그곳엔 담쟁이가 무성하게 진을 치고 있었다. 철쭉꽃이 가득했던 자리, 불두화가 탐스럽게 달려 있던 자리며 하얀 토끼풀이 가득 앉아 있던 자리, 모두가 그대로 인데 굳이 달라진 게 있다면 그때의 꽃들은 지고 지금은 새로운 꽃이 피어있다는 것. 그 것외엔 변한 것이 아무 것도 없었다.

선암사가 내게 그토록 절실했던 이유는 어쩌면 옛사람에 대한 기억 때문인지도 모르겠다.

진명스님, 스님과 마주앉아 차를 마신다. 내 몸의 상태를 물어보시더니 몸이 찬 사람은 녹차가 맞지 않다시며 아깝게 우려낸 녹차를 버리시고 고산차라고 말씀하시면서 다시 준비해 주셨다.

스님들은 모두 이러하신가. 인연을 중요시 여기심인가. 단 한 사람에게도 배려와 정성을 다하시는 모습이 인상적이셨으며 그런 것들이 마음을 흔들어 놓는다.

스님과 마주앉아 차를 마시며 몇 마디 얘기를 나눴을 뿐인데 왜 그렇게 눈물이 쏟아지던지. 딱히 서러운 것도 서러울 것도 없는데 말이다.

오후 5시 16분. 채소로만 만들어진 반찬들과 김칫국. 그리고 가지런하게 썰어놓은 떡. 언제나 낯선 타인이 되어 절을 찾았다가 훌쩍 떠난 내가 초파일 비빔밥 외에 이처럼 감동스런 공양을 해 본 적이 있었던가.

고정관념 하나를 깬다(사찰음식은 싱겁기만 하고 맛이 없든가, 아니면 너무 짜서 맛이 없다). 먹기 좋게 알맞은 간과 어머니가 해주시는 집에서의 반찬 못지않게 맛도 뛰어나다는 것. 사찰음식이 이렇게 맛있을 수도 있구나.

이래서 고정관념이란 건 참 나쁘다는 걸 느낀다. 저녁 7시부터 진명 스님과의 차담이 시작됐다. 22세의 아직 어린나이의 여대생, 무엇이든 다 해보고 싶다고 당찬 포부를 밝히던 26세 여 회사원 그리고 친구의 권유로 함께 오셨다던 41세와 42세의 여자분들, 진명스님은 뽕잎차, 연잎차, 녹차 등 갖가지 다른 차를 선보이신다. 불교를 한마디로 무엇이라 생각하느냐는 스님의 질문에 41세 승부례(같이 지내면서 성함을 알게 됨) 님이 '공'이라 답하였고 스님은 웃으시면서 석가모니와 알아차림의 sati에 대해서, 그리고 불교에 대한 지식이 전혀 없는 나도 쉽게 알아들을 수 있을 만큼 아주 상세하게 이것저것 말씀해 주셨다. 일상에 돌아가서도 늘 깨어있으되 sati를 실천하라고 당부하셨다.

sati, sati. 무언가 굉장히 어려운 것 같으면서도 스님의 말씀을 듣고 있자니 그 어려움보다 생활에서의 실천함이 더 어렵다는 걸 깨닫는다. '어렵지만 늘 실천에 옮기려 노력해야겠다'고 다짐도 해본다.

긴장을 해서인가, 장시간의 운전으로 인한 피로감 때문인가. 언제 눈을 감았는지도 모르게 깊은 잠에 빠져 들었다.

이튿날. 새벽 4시 새벽예불에 참석하겠다는 정신력 때문인가, 4시 알람이 울리기도 전에 눈이 떠졌다. 산사에서의 새벽은 내가 알고 있던, 언제나 침묵만을 지키는 그런 새벽이 아니었다.

마치 아이의 옹아리나 혹은 아이의 칭얼거림 같은 새소리가 산사에서의 나의 첫 새벽을 열어준다.

날이 흐린 탓인가, 별도 달도 없는 캄캄한 하늘인데 언제 밝혀 놓았는지 경내는 불빛들로 분주하다.

처음 체험하는 새벽예불 옆사람이 하는 모습 그대로 따라하는 어설픈 내 모습이지만 새벽예불에 참석했다는 것 자체가 참 대견할 따름이다. 스님들의 예불소리가 법당 안을 가득 돌다가 마당으로 퍼져 나가기 시작한다. 참으로 청아하다. 날이 흐려서인지 선뜻 여명은 시작되지 않았다.

아침공양 시간까지 하릴없는 마음으로 있다가 어느새 또 잠이 들었나 보다. 다시금 6시 알람이 울린다.

아침공양을 알리는 종소리도 울렸음직한데 내 귀에까지 들려오진 않았다. 아마도 잠 때문일 것이다.

아침공양 음식을 준비해 주신 스님들께 100점 만점에 200점을 드리고 싶다. 된장을 풀어 끓인 아욱국(혹시 아욱이 아닐지도 모르겠다)은 내가 먹어 본 된장국 중 가히 으뜸이었다.

아침 7시. 편백나무 숲길을 걷기 시작했다. 편백나무 숲의 새들은 아직 일어나지 않은 것일까. 고요함이 쉽사리 아침을 깨울 것 같지 않다. 헤아릴 수 없을 정도로 빼곡한 편백나무 사이로 안개가 흐른다.

계곡의 물소리가 적막을 깨는 듯하다. 편백나무를 살며시 안아본다. 기분 좋은 향이 진하게 콧속으로 들어온다. 숲 사이사이에 놓여진 긴 나무의자에 몸을 뉘어 본다. 나뭇잎 사이로 하늘이 삐죽 얼굴을 내민다.

아, 이런 느낌, 이런 기분. 내 생애 처음이다. 그리고 편백나무 숲 산책에 이은 차훈명상. 대각암에서 행해진 차훈명상 또한 내 생애 첫 경험이다.

무겁지 않은 담요를 덮어쓰고 차의 열기가 외부로 빠져나가지 못하게 한 뒤 차의 김을 온 얼굴로, 코로, 입으로 들이마셨다.

얼굴에 송글송글 맺히기 시작하던 땀방울이 커다란 찻잔 속으로 똑똑 떨어질 때의 그 느낌은 개운함의 시작이었다. 빗물처럼 흐르는 땀을 자연바람으로 말렸을 때의 그 느낌이란 달리 표현할 길이 없는 것이 안타까울 뿐이다(집에 돌아와서 표현방법을 찾지 못하고 있는 내게 동생이 말한다. 혹시 그 느낌이 명주나 아주 부드러운 천이 얼굴을 스치고 지나가는 것 같지는 않았냐고…).

그리고 점심공양. 일정을 끝내고 돌아갈 시간이 되었으나 쉬이 발길이 떨어지질 않는다.

하루 더 연장이다. 저녁 차담시간이 되어 갈 무렵부터 비가 쏟아지기 시작했다. 장맛비다. 내일 절간 방문을 열어놓고 비내리는 풍경을 바라보고 있을 내 모습을 상상하는 것만으로도 기분이 좋아진다. 마지막 날. 장맛비답게 비는 세차게 내리고 있다.

동이 트지 않은 새벽. 절간 마루에 앉아 비내리는 산사의 모습을 바라본 적이 있는가. 동이 터 오기를 기다리다 몸이 좋지 않음인가.

늦잠을 자는 바람에 아침공양까지 놓쳐 버렸다. 고픈 배를 움켜잡고 불교대학 강의를 듣기 위해 대각암으로 향했다.

진명스님의 강의. 깨어있는 삶을 살아가는 것. 알아차림을 잘하기 위해서는 몸의 소리, 마음의 소리를 들을 줄 알아야 된다고 하셨고 타인의 마음 또한 있는 그대로 받아들이고 이해할 때 깨달음의 삶을 살아갈 수 있다고 하셨다.

선암사에 머무는 동안 내 마음에 변화를 일으켜주신 진명스님께 다시 한번 감사드린다. 2박 3일의 짧은 일정을 마치고 일상으로 돌아가지만 언제나 선암사에서 머물던 마음으로 살아가리라.

빨리빨리가 아닌 느림의 미학으로 스님의 말씀처럼 sati를 늘 실천하고자 노력할 것이다. 그리고 선암사가 내게 특별한 사찰임을 말할 수 있는 이유가 한 가지 더 추가 될 것이다.

왜냐하면 선암사는, 내 생애 첫 템플스테이였기에…

4박 5일의 수행

채영선(학원 강사, 서울)

3월 7일 월 첫째 날

번민을 안고 선암사를 찾았다. 일주문을 지나 범종루 아래.

계단을 오르기가 참으로 마음이 무겁다.

이곳을 떠나는 금요일 나는 진정한 나의 마음을 알 수 있을까?

저녁 스님과의 차담시간 스님의 말씀 한마디 한마디가 생소하지만 아로새겨 본다.

'사띠'라는 알아차림에 대해 알려주셨다.

난 과연 살아오며 몇 차례나 알아차렸을까?

전생에 나의 업으로 현재 여기에 와 있다.

업이 있기에 인간으로 태어났으며 우리는 그 업으로 고통을

받고 있고 알아차림을 통해 해탈을 할 수 있다.

진정 내가 해탈할 수 있을까?

나를 가까스로 추슬러 본다.

방으로 돌아오니, 이틀 전 부모님께 화를 내었던 것에 후회가 밀

려든다.

3월 8일 화 둘째 날

밤새 잠을 이루지 못한 듯하다. 바람 소리, 동물 소리, 나의 상념들

모두 다 나를 쉽게 놓아주질 않는다.

새벽 3시 30분 목탁 소리가 들린다. 깨어있던 몸을 일으켜 간단히

세수를 한다.

스님의 종성과 뒤이은 사물 소리가 그동안 느껴보지 못한 새벽의

신선함을 내게 안겨준다.

아침예불을 하려고 법당에 들어섰다.

나는 스님을 따라 절을 한다. 하지만 곧 홀로 나의 세계에 빠져들

고 뜨거운 눈물이 계속 흐른다.

오전 진명스님과의 차담시간, 위빠사나 수행을 배운다.

한 시간 동안의 명상임에도 모든 것이 나를 괴롭힌다.

졸음과 목탁 소리, 바람 소리, 모두 다 난 과연 이 번뇌를 모두 씻고 행복해 질 수 있을까?

진정 이 시간이 헛되고 싶지 않다.

명상은 한 시간씩 세 차례에 걸쳐 이루어졌다.

처음엔 졸음 반이었지만 점점 내 호흡에 집중해 간다.

두 번째 시간엔 나의 편안한 호흡을 찾았다.

하지만 주위 상념들을 내가 쫓아간다.

세 번째 명상시간 방금 전 한 시간을 잔 덕분인지 몸이 한결 가볍다. 이제야 사물들과 나를 분리시켜본다.

내가 알아차림을 하는 것 같다.

저녁 차담시간 모두다 각자의 업으로 생겨나 인과응보, 뿌린 대로 거둔단다.

명상을 통해 무상·고·무아의 단계에 이르며, 결국 자비의 마음이 생겨난다.

아직 난 멀었다라는 생각이 든다.

3월 9일 수 셋째 날

적응한 것일까, 어제보단 잠을 이루었다. 새벽 목탁소리가 들린다.

하지만 나의 나태함이 고개를 들며 속삭인다.

한참의 종소리를 들었거늘 꼼짝 않고 누워 있다.

근처에서 사물소리가 나를 일어나라 꾸짖는 듯하다.

후다닥 마음을 정비해 법당으로 향한다.

나의 해이해짐이 안타까워 법당에 들어 내 마음을 추슬러 다잡
는다.

오늘은 어제보단 내 마음이 많이 안정되었다.

오전 진명스님과의 차담시간, 난 고통이 나로 인해 생겨났으며 주
위 사람들을 힘들게 하는 거라 생각해, 나의 존재 의미까지도 의심하
였고 나를 버리고 싶은 충동에 휩싸인 적도 있었다.

항시 자책하던 내게 진명스님의 말씀은 큰 힘이 되었다.

"인간은 천만 년 과거의 업보로 생겨났으며 과거의 고통에 얽매여
현재의 나를 바로 보지 못한다면 미래로 나아갈 수 없다"라 하셨다.

알아차림을 통해 '문·사·수'를 행하여야 하며, 명상은 공동 선을
위한 올바르며 단호한 수(修)를 하도록 키워주는 힘이다.

세 번째 명상시간 호흡에 집중해 가는 것이 느껴진다.

처음 나를 괴롭히던 허공의 소리들은 이제 더 이상 나의 정신을 흐트러뜨리지 못한다.

3월 10일 목 넷째 날

스님의 목탁 소리와 염불로 잠에서 깨었다.

아침예불에 참석한 지 삼일 째 첫날의 그 마음의 풍파는 많이 가라앉았구나! 마음이 평온하다.

오전 진명스님 차담시간 부처님 말씀에 '와서 보라' '주먹진 손이 없다'와 같이 거짓됨을 갖지 말며 진실 되게 살라 하셨다. 남을 모두 속일지언정 나 자신은 속일 수 없다는 것을 어느 누구보다도 잘 알기에 그 말씀이 너무나 가슴을 파고든다.

차담 후 편백나무 숲을 걸었다.

인간의 모양새가 천태만상이거늘 어떻게 저토록 살아오는 모습들이 닮았는지 여기 모인 우리 인연이 참으로 신기하다.

내려오는 길 벤치에 홀로 앉아, 조계산에서 굽이쳐 흘러 내려오는 시원한 냇물소리를 듣고 있다.

지금 흐르는 저 물은 어제의 물도 내일의 물도 아니겠구나 하고 문득 무상함을 느껴본다.

하루 잠시 머물러 가는 인연에게도 이토록 헤어짐에 안타까운 마음이 드는 게 그 질긴 인연의 끈을 끊는다는 것이 쉽지만은 않겠다는 생각이 든다.

저녁 진명스님과 차담 시간 우리가 인연되어지는 것은 전생에 인연이 있었다고 하신다.

옷깃만 스쳐도 500년의 인연이 있다니 참으로 길기도 하다. "모든 인연은 막을 수 없으며 나쁜 인연을 끊어낸다는 것은 각고의 노력이 없인 안 된다"고 하신다.

"운명을 숙명으로 받아들이기보단 스스로 개척해 나아가야 한다"고 하신다.

부처님께서 말씀하시길 "나 자신을 이기는 자가 진정 승리자다"하셨다. '자귀의 법귀의' 자기 자신을 의지하고 진리에 의지하라! 자기 자신을 등불로 삼고 진리를 등불로 삼으라! 이 가르침 영원히 간직하겠습니다.

3월 11일 금 닷새 날

시간은 어김없이 흘러 마지막 날이다.

아침예불, 나의 온 마음을 다해 부처님께 합장하여 감사 인사를 드린다.

마지막 진명스님과 차담시간 '불방일'이라는 벽에 걸려 있는 현판 글귀에 대해 말씀해 주신다.

부처님의 마지막 말씀으로 일상생활에서 항상 알아차림을 잊지 않고 정진하라는 것이다.

진명스님의 가르침 '불방일'을 감사히 간직하겠습니다.

선암사를 내려갈 땐 내 마음이 모두 다 정리되어 있을까 하는 막연한 불안감에 사로잡혀 있었다.

명상 자체나 호흡보다는 내가 깨달아야 된다는 강박관념에 사로잡혀 조바심을 부릴 때도 있었다.

며칠의 명상으로 내가 모두 알아차릴 것이라 기대했던 내 자신이 참으로 한심하다.

이제 이곳을 내려가 내 스스로 사띠 명상을 통해 더욱 알아차림에 매진하리라 다시 다짐한다.

무명의 고통에서 지혜의 빛을 보여주신 진명스님에게 진정으로 감사의 마음을 전합니다.

무거운 짐을 내려놓고 마음의 평온함을 느끼다

정시현(부산)

휴식과 요양차 일정기간 사찰에 머물기로 결심한 뒤 인터넷을 통하여 여러 군데를 알아본 결과 선암사에 머물기로 결정했습니다.

휴식형을 신청했지만 수행형과 다를 바 없이 지낼 수 있었습니다.

휴식형 템플스테이를 평일에, 그것도 혼자 오는 것은 아마 속세를 떠나고 싶어서였을 거라고 저는 생각합니다.

세상이 싫고 몸도 마음도 지쳐서 어디론가 떠나고 싶었던 거겠죠. 일주일을 머물 터라 가방이 제법 크고 무거웠지만 버스에 내려 선암사 입구에서부터 올라가는 길을 바라보며 저는 생각했습니다.

이 짐이 무거운 만큼 내가 지어온 짐이 많은 것이고 가는 길이 멀고 힘겨운 만큼 이 짐을 진 내 마음이 힘든 것이다. 그러니 이상하게도 올라가는 길이 무척 성스럽고 오히려 마음이 평안해 졌습니다.

급할 것도 없이, 짐이 무겁다면 잠시 서 짐을 내리고 쉬었다 가도 좋고 어디든 앉아 쉬어도 좋지 않은가 하고, 그게 바로 제가 살아가는 데 있어서 필요한 것이 아닌가 싶습니다.

글을 써도 한 자 한 자 써내려 가는 사이에 쓰고 싶었던 것을 잊고 마는 저에게, 스스로에 대한 관용이 가장 필요했다고 저는 생각합니다.

요즘 차고 넘치는 자기개발서처럼 한순간도 낭비하지 말고 노력하고 투자하고 낭비하지 말라는 마인드가 아닌 늦어도 조금 돌아가도 괜찮아, 라는 마음 짐을 진 어깨가 무겁고 햇볕이 뜨거워 땀이 나고, 굵은 빗방울이 가끔 머리 위로 떨어지기도 하고 절에 올라가는 동안 모두 느낄 수 있었겠지만 그보다 와닿게 느낄 수 있었던 건 한 발 한 발 내딛는 내 다리와 깨끗한 곳, 날 탓할 사람이 없는 장소라는 인상이 었습니다.

선암사는 무척 아름답고 산책과 휴식을 취하기에 좋은 곳이라는 것은 말할 것도 없지만 그보다 제게 남은 것은 이곳에서 지내는 동안 사띠 진명스님이 가르쳐 주신 사띠 수행으로 괴로움에서 벗어나 평온함을 느꼈던 것 같습니다.

저에게 언제였는지 까마득할 만큼 오랜만에 평온함을 느낄 수 있

게 해 준 사띠 진명스님과 고향집처럼 포근한 선암사에 오게 된 것이

전 고맙고 좋은 기억이라고 생각합니다.

2012년 5월 4일 선암사에서

줄탁동시(啐啄同時)

선향

오탁악세에서 인내하며 살다

먼길 돌아 부처님 품에 들었네

부처님 말씀에 심취해

삼년에 알음알이 공부를 했네

이제 알을 깨고 나와야 하는

은산철벽을 만나 순천 선암사까지 스승을

만나러 한달음에 달려왔네

진명스님.

줄탁동시.

나에게 은산철벽(銀山鐵壁)을 깨어주신 스승

이제 자유의 날개를 달고 부처님의 법락 속에서

부처님의 향기를 전하는

자비와 이타행을 실천하며

멋진 여정을 가리라.

2012년 4월 13일 선암사에서 선향 합장

우리들은 부처님의 제자로서 부처님이 깨닫고 남겨주신 팔정도를 실천하면서 자신을 알아차림하는 삶을 살아가는지 되돌아 보아야 하겠습니다.

이제 한국불교가 부처님의 가르침에 따라 이 사회에서 서로 소통하고 나누면서 행복한 삶을 살아야 할 때가 되었습니다.

그러기 위해서는 이제는 불교의 신행활동이 변하지 않고서는 대안이 없습니다.

부처님이 6년 고행을 마치시고 가장 자연스러운 호흡으로 알아차림하면서 깨달음을 얻고 중생들을 위해 뙤약볕을 맨발로 걸식하시면서 중생의 이익과 행복을 위해 열반에 드실 때까지 전법의 삶을 실천하셨습니다.

부처님이 우리들에게 일상생활 속에서 좋은 생각과 좋은 말, 그리고 좋은 행위를 하면서 서로 화합하고 청정하게 살아가는 것이 바로 지금 이 순간 행복한 삶을 살아간다고 하셨습니다.

부처님이 전법을 하시면서 수많은 사람들과의 만남 속에서 설법하셨던 팔만사천 법문의 핵심은 바로 '사띠' 또는 '알아차림', 즉 지금 이 순간 자신이 무엇을 하고 있는지 분명히 기억하면서 살고 있는가를 알려주셨습니다.

우리는 사띠수행 알아차림을 통해 고통을 넘어 행복한 삶을 살아갈 수 있는 것입니다.

불교적인 삶은 눈·귀·코·입·몸·뜻을 알아차림하면서 절제와 건전한 삶을 살아가는 것입니다.

적극적으로 자신이 무엇을 하고 있는지 알아차림하면서 전문적인 기술을 배워 봉사와 나눔의 회향이 부처님의 뜻일 것입니다.

〈사띠 진명스님의 알아차림〉 이 책이 많은 분들에게 전달되어 알아차림의 삶으로 이어지길 서원합니다.

책을 내기까지 도움을 주신 분들에게 먼저 감사의 절을 올립니다.

출판 기념회를 위해 물심양면 수고해 주신 선암사 신도회장 하영철님, 서민호 박사님, 출판 기념회 장소를 제공해 주신 순천 예총회장 이승정님, 포사모 고문 장귀석 회장님, 광양 포사모 카페지기님, 데일리안 박종덕 기자님과 회원님들, 그리고 책의 교정과 수정을 도와주신 수행자 수받따 사띠마님, 소설가 염지민님, 소설가 이승채님, 수행자 명설 시띠미님 등 여러분께 고마움을 표합니다.

그리고 책 불사에 동참해 주신 분을 축원합니다.

무심정사 광명스님과 신도님들, 이주연 법사님, 염지민님, 김동섭님, 김현정님, 김종진님, 박선영님, 허경애님, 한기영 사띠마님, 석소영 사띠마님, 백정민님, 김미령님, 박선민님, 김해근님, 허명숙님, 조성용님 등 많은 분들이 이 인연공덕으로 육체적인 고통이 소멸하고 정신적인 고통이 소멸하여 도과를 성취하시길 축원합니다.

지금까지 자식 걱정을 하고 아침마다 물을 떠 놓고 축원하시는 어머님과 선암사 회주 금용 큰스님 그리고 모든 분들에게 이 책을 올립니다.

모든 생명들이여, 부디 행복하소서

sabbe satbta bhavantu sukhitatt

2012년 6월 여수 대미산 사띠수행 공동체 해변가에서

사띠 진명 두손 모아 모든 분들에게 예경 올립니다.